Albert Schulz

Über die Tarifierung von Zucker zur Ausfuhr auf deutschen Eisenbahnen

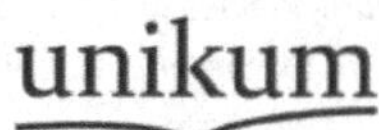

Albert Schulz

Über die Tarifierung von Zucker zur Ausfuhr auf deutschen Eisenbahnen

---

ISBN/EAN: 9783845742557

Erscheinungsjahr: 2012

Erscheinungsort: Bremen, Deutschland

www.unikum-verlag.de | office@unikum-verlag.de

Albert Schulz

Über die Tarifierung von Zucker zur Ausfuhr auf deutschen Eisenbahnen

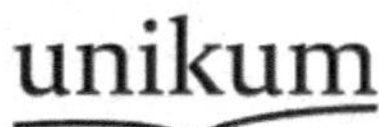

Ueber die

Detarifierung von Zucker „zur Ausfuhr“

auf

deutschen Eisenbahnen und die Ausnahme-Tarifierung auf den preußischen Staatsbahnen.

Von

Albert Schulz,
Doktor der Staatswissenschaften.
Geschäftsführer i. d. Centralstelle der Preußischen Landwirtschafts-Kammern.

Berlin 1900.
Puttkammer & Mühlbrecht
Buchhandlung für Staats- und Rechtswissenschaft.

Vorwort.

Unter allen über die deutsche Rübenzucker-Industrie genügend informierten Beurteilern giebt es keine Meinungsverschiedenheiten mehr hinsichtlich der großen Bedeutung dieser Industrie, noch darüber, daß deren Erhaltung und fernere Entwickelung in lebenskräftigem Gedeihen für das Reich und für die materielle Wohlfahrt seiner Bevölkerung unter den zu lösenden wirtschaftspolitischen Aufgaben mit in erster Linie steht. Es giebt auch keinen Zweifel darüber, daß dieser Industrie, welche sich schon seit einer Reihe von Jahren in kritischer Lage befindet, mit dem Beginn des neuen Jahrhunderts ernstere Gefahren drohen.

Gegenüber dieser Uebereinstimmung zeigen sich weit auseinander gehende Ansichten über die Ursachen der kritischen Lage und mehr noch über die einzuschlagenden Mittel und Wege zum Schutze vor den jetzt drohenden Gefahren.

Die Interessenten wissen, daß sich bei der erreichten Höhenstufe ihrer Fabrikation durch weitere Verbesserung in der Zuckergewinnung und in der Verwertung der Abfälle und der Nebenprodukte nur noch geringe Aussichten zur Erlangung eines genügenden Gegengewichts gegen das stetig fortschreitende Sinken der Zuckerpreise auf dem Weltmarkte bieten. Sie haben nach den vielen Reformbestrebungen in der Steuergesetzgebung, deren letztes Ergebnis, das jetzt geltende Gesetz vom Jahre 1896, wieder nicht befriedigen kann, und nach dem bisherigen Scheitern aller Bestrebungen für internationale Abschaffung der Ausfuhrprämien die Hoffnung auf Erlangung günstigerer Bedingungen durch gesetzlichen Schutz aufgeben müssen, obschon es im Ausland solche für die Konkurrenten giebt.

Unter diesen Umständen blieb nur übrig, nach Verringerung der Unkosten des Verkehrs zu streben. Die Transportkosten bilden den wesentlichsten Bestandteil derselben. Da diese im Laufe der letzten 22 Jahre und länger auf den deutschen Eisenbahnen für Zucker fast unverändert geblieben sind, während sie auf den Eisenbahnen der Konkurrenzländer gleichzeitig fortgesetzt ganz erheblich verbilligt wurden, so mußte die Detarifierung des Zuckers — wenigstens für das enorm wichtige und besonders gefährdete Ausfuhrgeschäft — aln ein geeignetes Hilfsmittel zur Verbesserung der Lage der deutschen Zucker-Industrie erscheinen.

Durch die darauf zielenden Anträge der schlesischen Zucker-Industriellen in den Jahren 1893—1895 war die lebhafte Bewegung dafür, welche jetzt unter der großen Majorität der deutschen Rübenzucker-Industriellen im Gange ist, in die Wege geleitet worden. Sie hat neben der warmen Befürwortung durch die überwiegende Mehrzahl der Zucker-Industriellen und durch die leitenden Organe der Landwirthschaft eine scharfe Opposition gefunden, an welcher sich eine ganz kleine Minderzahl der Rohzuckerfabrikanten, die Minorität der Raffineure, die Verwaltungen einiger Stataseisenbahnen und hauptsächlich der Handelsstand beteiligen. Die Geltendmachung der verschiedenen Interessen-Standpunkte hat Gegensätze hervorgerufen, durch welche die angeregte Frage mehr verdunkelt, als geklärt wurde.

Verfasser erachtete deshalb den Versuch, **über die Lage der deutschen Zucker-Industrie, die angestrebte Detarifierung und deren Beurteilung ein übersichtliches Bild zu geben,** für eine dankbare Aufgabe. Das Ergebnis seiner Bemühungen ist die vorliegende Arbeit, in welcher ein grundsätzlicher Standpunkt für die Beurteilung der Fragen zu gewinnen gesucht wird.

Zu der Arbeit mußte in erheblichem Maße Aktenmaterial benutzt werden. Der Direktor des Vereins der deutschen Zucker-Industrie **Herr Geheimer Regierungs-Rat König** und der

Vorsitzende der Centralstelle der Preuß. Landwirtschafts-Kammern Herr Rittmeister v. Arnim-Güterberg haben dem Verfasser in liebenswürdigem Entgegenkommen die Benutzung der bezüglichen Akten dieser Stellen gestattet. Es ist dem Verfasser deshalb eine angenehme Pflicht, den genannten Herren seinen aufrichtigsten Dank auszusprechen.

Halensee, im März 1900.

Der Verfasser.

Inhalts-Verzeichnis.

Erster Abschnitt.

Allgemeines über die deutsche Rübenzucker-Industrie.

I. Die Entwickelung der deutschen Rübenzucker-Industrie bis zur jetzigen Höhe und deren heutiger Charakter.

Die wirtschaftliche Bedeutung des Zuckers ergiebt sich nicht nur aus seiner Eigenschaft als wichtiges Genuß- und Nahrungsmittel für Menschen und Tiere, sondern auch durch seine Verwendung als Roh- oder Hilfsstoff für viele Industrien und wegen seiner Brauchbarkeit als ergiebige Quelle von Einnahmen für den Fiskus durch Verzollung und Besteuerung.

Für den Binnen- und den Außenhandel liefert er Wertsummen, welche nur von wenigen anderen Erzeugnissen übertroffen werden. Die Zuckererzeugung ist für die Industrie und die Landwirtschaft mit der Steigerung des Verbrauchs von hervorragender Wichtigkeit geworden.

Für den Handel haben zur Zeit unter den vielen Arten von Zucker nur zwei, in chemischer Zusammensetzung zwar nicht, nach Gewinnung aber sehr verschieden, der Rohr- (Kolonial-) und der Rübenzucker Bedeutung Es ist noch nicht gelungen, den Ahorn-, Palm-, Sorghum-Zucker und andere Arten in genügenden Mengen und gleichwertig zu produzieren.

Bis zu Ende des siebzehnten und noch in den ersten Jahrzehnten des achtzehnten Jahrhunderts waren als Süßstoffe in Europa nur Honig und Rohrzucker in Gebrauch. Letzterer mußte fast ausschließlich aus überseeischen Gebieten der warmen bis heißen Klimate in der Form von Rohzucker für europäische Raffinerien bezogen werden. Die südlichen Mittelmeergebiete hatten nur wenig Anbau von Zuckerrohr.

Als im siebzehnten Jahrhundert Kaffee, Thee und Kakao in europäischen Ländern allmählich Verbreitung fanden, wurde zwar mehr und mehr Zucker begehrt, doch blieb der Zuckergenuß noch lange ein Privilegium der Wohlhabenden. Der Verbrauch stieg erst bei wachsendem Wohlstand und sank immer wieder mit dessen Rückgang.

Die großen Summen, welche für Zucker in das Ausland gingen, mußten zur Zeit der merkantilistischen Anschauungen über

Waaren-Ein- und Geld-Ausfuhr als Verlusten am Nationalreichtum starken Anreiz bieten, auf Ersatz für den Rohrzucker im eigenen Lande zu sinnen. Die dadurch veranlaßte Entdeckung des Zuckergehaltes in der Runkelrübe und die Erfindung technischer Einrichtungen für die ökonomische Verwertung der Entdeckung führten zur Rübenzucker-Industrie.

Diese ist durchaus ein Kind deutschen Geistes. Wie bezüglich mancher anderen deutschen wissenschaftlichen Errungenschaft blieb aber länger als ein halbes Jahrhundert der Vorrang in der Ausbeutung einer anderen glücklicheren Nation überlassen.

Dem deutschen Chemiker Marggraf gebührt das Verdienst der Entdeckung des Zuckers in der Runkelrübe (1747), seinem Nachfolger an der Berliner Akademie der Wissenschaften Fr. Karl Achard dasjenige nach rastlosen Versuchen und Bemühungen die technisch-ökonomische Verwendbarkeit der Entdeckung erfunden zu haben. In einer auf der Domäne Kunern in Schlesien im Jahre 1801 errichteten Rohzuckerfabrik hatte er praktische Erfahrungen gesammelt. Nachdem ihm die Domäne vom Könige geschenkt worden war, wurden die gewonnenen Ergebnisse im Jahre 1809 in einer noch heute hoch bedeutsamen Schrift[1]) veröffentlicht.

Die Ungunst der Zeiten unter dem Druck der französischen Fremdherrschaft lähmte die Unternehmungslust und hinderte somit auch die preußische Regierung an wirksamer Pflege der jungen Industrie. Die Fabriken, welche schon entstanden waren, gingen zu Grunde, während das damals weltbeherrschende Frankreich unter dem Schutze und der besonderen Förderung seines mächtigen Kaisers Napoleon I. den deutschen Gedanken aufgenommen und eine Anzahl Fabriken gegründet hatte. Diese gediehen bei den hohen Preisen zur Zeit der Kontinentalsperre recht gut. Nach deren Aufhebung konnten auch sie sich nur mühsam und nur mit staatlicher Fürsorge erhalten. Erst nach mannigfaltigen technischen Verbesserungen wurden sie lebensfähiger.

Den Franzosen gebührt, so sehr das bedauert werden mag, das Verdienst, die deutsche Erfindung groß gezogen und konkurrenzfähig gemacht zu haben. Damit gewannen sie aber auch einen reichen Verdienst; denn bis zur Mitte der 1870er Jahre stand Frankreich an der Spitze der europäischen Produktion und bis zum Ende der 1880er Jahre diktierten die Pariser Zuckerraffinerien der Welt den Preis für Rohzucker.

Erst zu Ende der 1820er Jahre erstand die Rübenzucker-Fabrikation in Deutschland von neuem, diesmal unter dem Schutze eines hohen Eingangszolles und mit dauerndem Erfolge.

---

[1]) „Die europäische Zuckerfabrikation aus Runkelrüben in Verbindung mit der des Branntweins, Essigs und Kaffeesurrogats aus ihren Abfällen.“ 3 Bde. Leipzig 1808 und neue Auflage 1811.

Die Entwickelung der deutschen Rübenzucker-Industrie wird aus nachstehender Tabelle ersichtlich [1]):

Betriebsjahr	Zahl der Fabriken im Betriebe	Verarbeitete Rüben Tonnen à 1000 kg	Gewonnener Rohzucker Tonnen à 1000 kg	Durchschnitts-Rübenverarbeitung pro Fabrik dz	Zu 1 dz Rohzucker erforderliche Rüben dz	Ausbeute aus den Rüben
1836—37	122	25 346	1 408	2 077	17,29	5,55
1840—41	145	241 486	14 205	16 654	17,—	5,88
1850—51	184	736 215	53 349	40 011	13,80	7,25
1860—61	247	1 467 702	126 526	59 421	11,60	8,62
1870—71	304	3 050 745	186 418	100 681	11,60	8,62
1880—81	333	6 322 203	573 030	186 903	11,06	9,04
1890—91	406	10 623 319	1 331 965	261 658	7,97	12,54
1897—98	402	13 697 892	1 755 229	340 744	7,80	12,79
1898—99	402	12 150 642	1 627 072	302 255	7,48	13,37

Die Zahl der Fabriken ist in 62 Jahren um 329,6 %, die Quantität der verarbeiteten Rüben um 47 939,1 %, die Produktion an Rohzucker um 115 564,8 %, die durchschnittliche Leistung der Fabriken um 14552,5 % gestiegen. Die Verbesserung der Rübenzucht, welche wieder durchaus deutsches Verdienst ist, in Verbindung mit den wichtigen chemischen und technischen Verbesserungen haben das Ausbeuteverhältnis, den quantitativen Ertrag, um 240,1 % gehoben.

In erfreulicher Weise hat sich der Zuckerrübenbau auch räumlich in Deutschland ausgedehnt und nicht mehr wie noch vor wenigen Jahrzehnten auf Mitteldeutschland: Provinz Sachsen, Anhalt, Braunschweig und Schlesien beschränkt. Ost- und Westpreußen, Posen, Pommern, Mecklenburg, Holstein, Hannover, Hessen und Rheinland haben heute wichtige Anteile am Zuckerrübenbau und gerade in diesen neueren Heimstätten dehnt sich derselbe noch immer aus. Das mildere Klima in Süddeutschland und die eigenartigen Grundbesitzverhältnisse daselbst scheinen dem Rübenbau nicht günstig zu sein.

Der Anteil Deutschlands und der hauptsächlichsten europäischen Konkurrenzstaaten an der gesamten Rübenrohzucker-Produktion (einschl. Melasseentzuckerung) Europas geht aus der ersten Tabelle [2]) auf S. 4 hervor.

Mit dem Jahre 1880/81 war Deutschland an die Spitze aller Rübenzucker erzeugenden Länder getreten; es hat seitdem seinen Vorsprung trotz Auferlegung neuer Lasten und Erleichterungen von solchen in anderen Ländern fortgesetzt zu vergrößern verstanden. Im letzten nachgewiesenen Jahre 1897/98 hat Deutschland allein 37,8 % der gesamten Rübenzucker-Produktion gedeckt. Daß ein so

[1]) Die Zahlen bis 1890—91 sind aus Paasche, „Zuckerindustrie und Zuckerhandel der Welt“, Jena 1891; die folgenden aus den „Vierteljahrsheften zur Statistik des Deutschen Reiches“. Berlin, 8. Jahrg 1899, IV. Heft, S. 189.

[2]) Produktions-Statistik in „Zucker-Industrie und Zucker-Steuer“, S. 964 ff. des Wörterbuchs der Volkswirtschaft von L. Elster, Bd. II, Jena 1898.

enormes Quantum im Inlande nicht verzehrt werden kann, ist ersichtlich.

Zu Seite 3.

Betriebsjahr	Deutschland t	Oesterreich-Ungarn t	Frankreich t	Rußland t	Gesamtproduktion an Rübenzucker in Europa t
1852—53	84 833	30 000	ca. 50 000	ca. 25 000	202 810
1864—65	170 661	110 000	169 192	48 845	529 793
1871—72	186 441	240 420	335 140	171 283	1 051 350
1881—82	622 290	453 000	376 840	293 409	1 897 608
1891—92	1 198 156	780 500	650 377	550 994	3 437 000
1897—98	1 844 399	821 694	773 150	740 000	4 876 901

Der Uebergang zur Exportproduktion erfolgte in den ersten Jahren des siebenten Jahrzehnts.

Ueber das spätere Verhältnis von Inlandsverbrauch und Ausfuhr zu Gunsten der letzteren in Deutschland und über das ständige Sinken der Zuckerpreise belehren nachstehende Zahlen[1]):

Betriebsjahr	Ausfuhr in Rohzucker berechnet t	Inländischer Verbrauch in Rohzucker t	Rohzuckerpreise in Magdeburg pro 100 kg (ausschließlich Verbrauchsabgabe pp.) ℳ
1871—72	14 276	221 799	—,—
1875—76	56 121	271 698	—,—
1880—81	283 904	277 618	65,96
1885—86	500 321	313 358	—,—
1890—91	750 226	523 952	36,62
1894—95	1 046 043	615 099	21,63
1896—97	1 237 521	561 882	20,15
1897—98	1 041 801	708 237	20,12
1898—99	1 010 297	755 184	21,95

In dem Ausfuhrgeschäft liegt jetzt also der Lebensnerv der deutschen Zuckerindustrie.

II. Die Bedeutung der Rübenzucker-Industrie für das Wirtschaftsleben im Deutschen Reiche und insbesondere für dessen Landwirtschaft.

Daß die Rübenzucker-Fabrikation für das gesamte Wirtschaftsleben Deutschlands und insbesondere für die deutsche Landwirtschaft von der größten Wichtigkeit ist, läßt sich nachweisen durch:

1) die Zahl der mit dieser Industrie beschäftigten Betriebe;
2) die Höhe des darin angelegten Kapitals und der darin umlaufenden Summen;
3) die Zahl der darin beschäftigten Arbeitskräfte;

[1]) Geschäftsbericht des deutschen Landwirtschaftsrats vom Jahre 1899 und „Monatliche Nachweise über den Auswärtigen Handel des deutschen Zollgebiets“. Berlin. Versch. Jahrgänge.

4) die Einwirkung der Rübenkultur auf den Ackerbau;
5) den Umfang der mit Zuckerrüben bebauten Flächen;
6) den Wert der für die Landwirtschaft brauchbaren Abfälle und Nebenprodukte;
7) die Beteiligung der deutschen Transportanstalten und des Handels.
8) das Interesse der Staatsfinanzen.

Es gab in Deutschland nach der Reichsstatistik[1]) im Betriebsjahre 1898/99: Rübenzuckerfabriken . . . 402
Raffinerien 49
Melasse-Entzuckerungsanstalten 6
Im Ganzen also Betriebe 457

Für das in diesen Betrieben **angelegte Kapital** giebt es nur Schätzungen. In einer solchen vom „Verein der deutschen Zuckerindustrie" sind für Rohzuckerfabriken durchschnittlich je 1½ Million, für Raffinerien je 3 Millionen Mark und zusammen als Kapitalfixierung 760 Millionen Mark berechnet worden. Nach anderen älteren Angaben von Sachverständigen[2]) war das Anlagekapital einer Zuckerfabrik mit einer Verarbeitung von jährlich 250000 dz Rüben zu 1 Million Mark veranschlagt worden. Mit dieser Annahme ergiebt sich als Anlagekapital für 1 dz Rübenverarbeitung 4 Mk. oder für das in der Zeit von 1898/99 verarbeitete Quantum von 121 506 422 dz Rüben zusammen 486 025 688 Mk. in den 402 Rübenzuckerfabriken gegenüber 603 Millionen Mk. nach der zuerst erwähnten Schätzung. Unter Berücksichtigung der in den zwischenliegenden 13 Jahren gewonnenen technischen Vervollkommnungen und der Steigerung der Grundstückswerte und anderer Werte dürften **760 Millionen Mk. Gesamtanlagekapital** für gegenwärtig zutreffend sein.

Zum Anlagekapital im weiteren Sinne ist auch noch der Wert des zur Rübenkultur benutzten Grund und Bodens zu rechnen. Im Jahre 1898/99 betrug die Anbaufläche 426 458 ha; zu durchschnittlich nur 1500 Mk. pro ha ergiebt deren Gesamtwert 639 687 000 Mk.

Außer diesen stehenden Kapitalien sind große **Betriebskapitalien** erforderlich. Auch diese lassen sich nur schwer schätzen oder ermitteln. Einen ungefähren Anhalt gewährt die Berechnung der großen umlaufenden Werte, wobei dann zu berücksichtigen bleibt, daß der Umsatz nicht Zug um Zug, sondern erst nach Monaten erfolgt.

---

[1]) Für die nachfolgenden Ermittelungen auch die unter Anm. 1 auf S. 3 u. 4 angegebenen Quellen und Zusammenstellungen mit revidierten Zahlen in „Statistisches Jahrbuch für das deutsche Reich". Berlin. 20. Jahrgang 1899. S. 52 ff und S. 187. Anhaltspunkte ferner von Kom.-Rat R. Treutler in „Braunschw. Landw.-Zeitung". Braunschweig 1888. Nr. vom 30. März.

[2]) In der deutschen Zucker-Enquete von 1883/84 Bd. IV S. 31.

Die 402 Rohzuckerfabriken haben in der Kampagne von 1898/99 = 121 506 422 dz **Rüben** verarbeitet. Nach dem Durchschnittspreis der Kaufrüben von 1,83 Mk. pro 1 dz repräsentieren diese einen Wert von 222356752 Mk.

Die Auslagen für **Heizmaterial** der 402 Fabriken, welche in der angegebenen Zeit mit 5630 Dampfmaschinen zu 120465 indic. Pferdekräften arbeiteten, betragen beim Einheitskostensatz von gering gerechnet rund 100 Pfg. pro Tag und Pferdekraft in 60tägiger Kampagne 7228140 Mk.

Wird für 10 t verarbeiteter Rüben ein **Kalksteinverbrauch** von 500 kg gerechnet, dann stellt sich der Gesamtverbrauch auf 607532 t im Werte von 2430128 Mk. (100 kg inkl. Fracht = rund 4,0 Mk.)

Die **Löhne** für das Arbeiterpersonal, welches pro Tag 56 621, bei Annahme von 60 Arbeitstagen also 3 397 260 zwölfstündige Schichten geleistet hat, betragen (die Schicht = 2,50 M.) = 8493150 Mk.

Ueber die von den Rübenzuckerfabriken verauslagten **Eisenbahnfrachten** für Rohmaterialien zur Fabrikation hat der Verein der deutschen Zuckerindustrie für die Kampagne von 1893/94 und von 1894/95 Erhebungen angestellt, deren Ergebnis nachstehende Tabelle bringt. Von den Rübenzuckerfabriken wurden an Fracht für Rohmaterialien an die deutschen Eisenbahnen bezahlt:

	1893/94			1894/95		
	Rüben ℳ	Kohlen ℳ	Kalkstein ℳ	Rüben ℳ	Kohlen ℳ	Kalkstein ℳ
Preußen . . .	3 880 332	5 040 425	533 749	5 039 139	6 173 901	729 621
Anhalt . . .	144 734	150 837	36 209	232 391	191 837	58 523
Braunschweig .	37 663	527 503	7 110	63 652	605 673	8 854
Den übr. Länd.	614 071	545 761	99 851	949 284	727 572	87 489
	4 176 800	6 264 526	376 919	6 284 566	7 698 983	884 487
	11 118 245			14 868 036		

Die im Durchschnitt dieser zwei Jahre gezahlten Eisenbahnfrachten für Rohmaterialien belaufen sich auf 12 993 140 Mk., die durchschnittliche Rübenernte dieser Jahre war 12 582 691 t. Diese entspricht annähernd der Ernte von 1898/99 mit 12 150 642 t. Demnach dürften die in diesem Jahre gezahlten Eisenbahnfrachten für Rohmaterialien auf rund 12 Mill. Mk. zu veranschlagen sein.

Ueber die Höhe der sonstigen (Schiffs- pp.) Frachtauslagen steht leider kein Ausweis zur Verfügung.

An **Zuckersteuer** wurden für den inländischen Zucker 136076419 Mk. entrichtet. Wenn dieser Betrag von den Fabriken auch nur zum kleinsten Teile auszulegen war, so mußten sie doch ein sehr hohes Steuerkreditkonto halten und dafür Bürgschaft oder Sicherheit stellen.

Aehnlich liegen die Verhältnisse in den 6 Melasseentzuckerungsanstalten.

Bei den Raffinerien sind die umlaufenden Kosten pro Betrieb erheblich größer als bei den Rohzuckerfabriken, weil das zu verarbeitende Halbfabrikat Rohzucker einen höheren Wert hat als Rüben, und weil sie diesen Rohzucker etwa 6 Monate (Rohzuckerfabriken ihre Auslagen nur 3 bis 4 Monate) hindurch vorschießen bezw. verzinsen müssen.

Der in der Kampagne 1898/99 insgesamt gewonnene Rohzucker war inkl. desjenigen der Melasse-Entzuckerungsanstalten 17 224 291 dz. Der Jahresdurchschnittspreis aus den Großhandelspreisen in den 5 Haupthandelsplätzen Deutschlands betrug für Rohzucker (88 % Rendement pp.) 22,41 Mk. Der gewonnene Rohzucker hatte somit einen Netto-Wert von 385 996 361 Mk. Hiervon sind in Rohzuckerwert 1 010 297 t exportiert und dafür 226 407 714 Mk. Gold vom Auslande eingeführt worden.

Die Zahl der in den 402 Rohzuckerfabriken beschäftigten Arbeiter entspricht wohl der täglichen Schichtenzahl von 56 621. Diejenige der Arbeiter in den Melasse-Entzuckerungsanstalten und in den Raffinerien, welche pro Betrieb erheblich größer ist, würde bei Annahme von durchschnittlich nur 150 Arbeitern pro Betrieb = 8250 sein. Bei diesen ist im Gegensatz zu ersteren zu beachten, daß sie meist dauernd das ganze Jahr hindurch beschäftigt sind.

Indirekt kann hierzu noch die große Zahl von Rübenarbeitern in der Landwirtschaft gerechnet werden. Eine zuverlässige Schätzung darüber ist unmöglich. Im Jahre 1877 hatte Humbert[1]) die Mehrausgabe der Rübenwirtschaft des Deutschen Reiches an Tagelöhnen verglichen mit anderen Wirtschaften auf jährlich mindestens 47 Millionen Mark berechnet. Im Betriebsjahre von 1876/77 hatten 328 Fabriken 3550036 t Rüben verarbeitet; es würden somit auf 1 t = 13,25 Mk. Mehrlöhne entfallen. Bei der Rübenverarbeitung in der Kampagne 1898/99 von 12 150 642 t ist danach der gezahlte Mehrlohn = 160 995 906 Mk. gewesen, was vielleicht rund 100 000 000 Tagesschichten entspricht.

Aus der Darstellung von Conrad[2]) über die Bedeutung des Rübenbaues in Mitteleuropa für den Ackerbau und die sonstige Industrie entnimmt Verfasser als Resumé die Vorteile:

1. Ermöglichung einer sehr intensiven Kultur;

2. Zwang zu tiefer Ackerung, sehr reichlicher Düngung und Beseitigung des Unkrauts, wodurch die Ertragsfähigkeit des Bodens nachhaltig in bedeutendem Maße gehoben werde;

3. Vortreffliche Eignung der Rübe als Vorfrucht für Getreidebau. Erfahrungsgemäß werde auf den Gütern mit Rübenbau mehr Getreide geerntet als früher ohne die Rüben;

---

[1]) Humbert „Einfluß des Zuckerrübenbaues auf die Land- und Forstwirtschaft". S. 101.

[2]) Conrad, J. „Grundriß der politischen Oekonomie." III. Teil. Finanzwissenschaft. Jena 1899. S. 90

4. Lohnende Beschäftigung einer großen Zahl von Arbeitern;

5. Förderung der Industrie durch die mit dem Rübenbau zusammenhängenden Fabrikationszweige, insbesondere des Maschinenbaus, und Beschäftigung zahlreicher Handwerker.

Mit Zuckerrüben waren in der Kampagne von 1898/99 nach den früher gegebenen statistischen Angaben 426 458 ha angebaut; das sind 1,63 % des nach der Bodenstatistik des Deutschen Reiches vom Jahre 1895 vorhanden gewesenen reinen Ackerlandes = 26 142 795 ha.

Der Gewinn an Dünge- und Futtermitteln für die Landwirtschaft aus Abfällen und Nebenprodukten der Zuckerfabrikation beziffert sich, wie folgt:

1898/99 sind an Rüben verarbeitet dz	%	Diese ergeben Abfall- und Nebenprodukte dz	Einheitspreis pro dz ₰	Wert der Abfall- u. Nebenprodukte ℳ
121 506 422	20 =	Rübenerde 24 301 244	2	486 025
	10 =	Scheideschlamm 12 150 642	30	3 645 193
	50 =	Schnitzel 60 753 211	40	24 301 284
	(rd. 3)	Melasse laut Reichsstatistik 41 42112	380	15 740 026
			Im Ganzen	44 171 528

Der Binnen- und Außen- (besonders Ausfuhr-)Handel vollziehen sich nicht ohne Mitwirkung des deutschen Handelsstandes. Da der in der Kampagne 1898/99 gewonnene Rohzucker einen Wert von 385 996 361 Mk. darstellt, so bietet der Zucker dem Handel in der That ein außerordentlich wertvolles Objekt.

Wie hoch die Transportanstalten an der Beförderung der ungeheuren Gütermengen, welche zu und von den Zuckerfabriken sowie im weiteren Umlauf bewegt werden müssen, beteiligt sind, läßt sich, weil nicht ermittelbar, nur aus den angegebenen statistischen Zahlen ungefähr ermessen.

Der Fiskus bezog 1898/99 an Zuckersteuer nach Abzug der Ausfuhrvergütungen netto 109 223 000 Mk.

III. Die Zucker-Ausfuhr als Lebensbedingung für die deutsche Rübenzucker-Industrie und die gegenwärtige Lage des Ausfuhrgeschäftes gegenüber der ausländischen Konkurrenz auf dem Weltmarkt.

Nach den in den Abschnitten I und II gebrachten Darstellungen könnte leicht eine Auffassung Platz greifen, als befände sich die deutsche Rübenzucker-Industrie in glänzender Lage mit besten Aussichten für die Zukunft. Das ist indessen nicht der Fall; denn das Exportgeschäft zeigt zur Zeit eine schwierige Situation. Deren Ueberwindung erfordert Aufmerksamkeit und Anspannung aller Kräfte.

Die wesentlichsten Schwierigkeiten der Situation liegen in:

A. der Konkurrenz des Kolonial- (Rohr-) Zuckers;

B. der Steuergesetzgebung, insbesondere der Prämienwirtschaft;

C. der Marktlage;

D. der Höhe der Transportkosten für das Fabrikat Zucker aller Art.

Da vorliegende Schrift speziell dem letzten Punkte gewidmet ist, sollen an dieser Stelle die ersteren drei Faktoren nur insoweit Berücksichtigung finden, als für die allgemeine Beurteilung des jetzigen Zustandes erforderlich ist.

A. Der Kolonial- (Rohr-) Zucker.

Die wichtigsten Gewinnungsländer für Rohrzucker sind: Kuba, Portorico, Philippinen, Java, Vereinigte Staaten von Nordamerika, Brasilien, Hawai, Mauritius, Britisch Ost- und Westindien. Minder wichtig sind: Barbados, Demerara, Egypten, Guadeloupe, Martinique, Natal und Mayotte, Peru, Réunion, Trinidad.

Ein Bild von der Entwickelung der Rohrzuckerproduktion im Vergleich mit derjenigen von Rübenzucker und der Gesammtzuckerproduktion der Welt giebt folgende Tabelle[1]):

Betriebsjahr	Rübenzucker 1000 t	Rohrzucker 1000 t	Zusammen 1000 t	Anteil des Rübenzuckers %
1852/53	203	1260	1463	14,0
1864/65	530	1467	1967	26,5
1871/72	1051	1869	2920	36,0
1881/82	1898	2205	4103	46,2
1891/92	3437	3160	6597	52,1
1893/94	3725	3270	6995	53,2
1896/97	4822	2839	7661	62,9
1897/98	4717	2865	7582	62,2
1898/99	4828	2947	7775	62,1
1899/1900 (vorläuf. Schätzung)	5374	2811	8185	65,6

Die angegebenen Rohrzuckermengen sind nicht die der gesammten Erzeugung, sondern nur der Teil davon, welcher auf den Weltmarkt hinaustritt. Ueber die weit grösseren Quantitäten, welche in Ostindien, China und anderwärts von den Eingeborenen produziert und an Ort und Stelle konsumiert werden, fehlt die Statistik. Daß der Rübenzucker auf dem Weltmarkte bereits seit einiger Zeit das Uebergewicht erlangt hat, besagt somit nicht, daß davon auch am meisten erzeugt werde. Das Gegenteil dürfte

[1]) In den unter Anmerkungen S. 3 Nr. 2 und S. 4 Nr. 1 angeführten Schriften und „Prager Zuckermarkt". Prag. Verschiedene Jahrgänge.

zweifellos zutreffen. Die Gesamtmenge des Rübenzuckers ist genau bekannt, die des Rohrzuckers entzieht sich jeglicher Schätzung.

Conrad[1]) urteilt über den Rohrzucker, daß trotz des Darniederliegens der Kultur auf Kuba die Produktion wieder in erheblichem Grade zunehmen werde, und daß die Ueberlegenheit des Rübenzuckers deshalb noch keineswegs als dauernd gesichert erscheine.

Die Produktion des Rohrzuckers in den Tropen werde begünstigt durch den großen Zuckergehalt des Rohrs und durch die Billigkeit des Bodens, erschwert aber durch die Höhe des Zinsfußes, die teure Arbeit, den Mangel an Brennmaterial und hauptsächlich durch die Kostspieligkeit der Maschinen-Verwendung, weil Maschinen nur zu hohen Preisen an Ort und Stelle beschafft werden können, deren Bedienung ebenfalls hoch zu stehen komme und die Reparaturen zu schwierig wären. Durch allgemeinere Anwendung des Diffusions- statt des Preßverfahrens, um den Zucker herauszuziehen, könne der bisherige bedeutende Verlust an kristallisationsfähigem Zucker im Rohre bedeutend vermindert werden. Die Möglichkeit einer gewaltigen Ausdehnung des Anbaues von Zuckerrohr wie des Fabrikbetriebes unterliege somit keinem Zweifel, wenn auch augenblicklich die Preise kaum ausreichen, um die Kosten der Herstellung in Westindien und in anderen Anbaugebieten des Rohrzuckers zu decken. Dazu komme, daß in diesen vielfach zur Zeit die Kaffeeplantagen größere Erträge abwerfen. Der Rübenbau werde besonders erschwert durch das Steigen des Grundwertes und des Arbeitslohnes, da bedeutende Handarbeit bei demselben nicht zu entbehren sei.

Mit dieser Frage beschäftigte sich auch der deutsche Landwirtschaftsrat im Jahre 1899[2]). In den Verhandlungen darüber ermahnte Prof. Märker als Referent die deutschen Zuckerindustriellen dringend, sich auf den bevorstehenden Konkurrenzkampf vorzubereiten. Nachdem Kuba, Portorico und die Philippinen in den Besitz der Amerikaner übergegangen seien, wäre anzunehmen, daß die außerordentlichen Vorteile, welche Boden und Klima in diesen Ländern dem Zuckerrohrbau bieten, energisch ausgenützt werden würden. Von Kennern der kubanischen Rohrzuckerindustrie sei die Zeit, in welcher Kuba wieder mit 2 Millionen Tonnen Rohrzucker auf dem Markte erscheinen könne, mit 4 bis 5 Jahren angegeben worden. Amerika rüste sich auch in der Rübenzucker-Industrie auf eine Konkurrenz, die schon recht bedenklich zu werden anfange.

Diese Darstellungen sind aber noch nicht erschöpfend.

Ueber die Zeit, in welcher die Amerikaner auf ihren neu erworbenen Besitzungen wieder einen blühenden Zuckerplantagen-Anbau gewonnen haben werden, giebt es von den Amerikanern selbst und von anderen Beurteilern sehr weit auseinander gehende

---

[1]) Conrad i. u. Anm. 2 S. 7 a. W. — Teil III — S. 89.

[2]) Bericht über die Verhandlungen des deutschen Landwirtschaftsrats in der Sitzung vom 20. Februar 1899.

Ansichten. Darüber aber, daß eine solche Zeit kommen werde, besteht kein Zweifel. Wohl zu beachten ist, daß überall da, wo sich Plantagen in Händen von kapitalskräftigen und regsamen Besitzern befinden, rastlos darnach gestrebt wird, mit allen Hilfsmitteln der Neuzeit den Anbau des Zuckerrohrs und dessen Verwertung zu vervollkommnen, in erster Linie von den Amerikanern im Süden der Union. Diese von den Regierungen eifrigst unterstützten Bestrebungen haben schon zu Ergebnissen geführt, welche für den Rohrzucker eine große Zukunft erwarten lassen.

Zur neuesten Gefährdung des deutschen Zucker-Ausfuhrschäftes durch die Vereinigten Staaten gehört die Absicht, mit der englischen Regierung wegen der westindischen Kolonien und auch mit Argentinien Reziprozitätsverträge zum Zwecke der erleichterten Ausfuhr bezw. Einfuhr aus diesen Ländern abzuschließen.

B. *Zur Steuergesetzgebung und zu den Ausfuhrprämien*

muß darauf verzichtet werden, einen Vergleich der deutschen Zuckersteuerentwickelung mit derjenigen anderer Länder anzustellen.

In Deutschland hatte in den Jahren 1841—1888 die Rübenzucker-Industrie eine zuerst vom deutschen Zollverein, dann vom Deutschen Reich auferlegte *Materialsteuer* in folgenden Sätzen für 100 kg roher Rüben zu entrichten:

vom	1.	September	1841	an =	0,10 Mark
„	1.	„	1844	„ =	0,30 „
„	1.	„	1850	„ =	0,60 „
„	1.	„	1853	„ =	1,20 „
„	1.	„	1858	„ =	1,50 „
„	1.	„	1869	„ =	1,60 „
„	1.	August	1885	„ =	1,70 „
„	1.	„	1888	„ =	0,80 „

Im Jahre 1888 wurde die Rübensteuer ermäßigt, aber daneben noch eine Fabrikssteuer von 12 Mk. pro dz auferlegt.

Im Jahre 1892 ist die Rübensteuer ganz beseitigt und die *Fabrikatsteuer* auf 18 Mk., im Jahre 1896 diese auf 20 Mk. erhöht worden. Das Gesetz vom 27. Mai 1896 brachte noch eine staffelförmige *Betriebssteuer*, welche bei Produktion einer Fabrik bis 40000 dz pro 100 kg = 10 Pf. beträgt, bei höherer Produktion um je 10 000 dz 2$^1/_2$ Pf. pro 100 kg mehr.

Es wurde ferner eine *Kontingentierung* mit der Wirkung eingeführt, daß für den über das Kontingent erzeugten Zucker pro 100 kg 2,50 Mk. Mehrsteuer entrichtet werden müssen.

Im Falle der Ausfuhr wird die Verbrauchsabgabe (Fabrikatsteuer), aber nicht die Betriebssteuer und der obige Steuerzuschuß zurückgezahlt.

An diesem jetzt noch bestehenden Gesetze wird vorzugsweise die Art der Kontingentierung getadelt, weil sie die Fabrikanten zu einer möglichst hohen Produktion zwinge, um bei der jährlichen

Kontingentszuteilung nicht in Nachteil zu geraten. Die Industrie ist deshalb auch von dieser Kontingentierung wenig befriedigt.

Als Gesamtergebnis der Zuckersteuerpolitik ist zu konstatieren, daß die Verbrauchsausgaben und Steuern fortgesetzt erhöht worden sind, und daß für den Fiskus durch den Schutzzoll und später insbesondere durch Ausfuhrvergütungen bis zum Jahre 1896 das Nettoergebnis immer geringer geworden war.

Steuerrückvergütungen für exportierten Zucker wurden 1861 eingeführt. Da sie nur nach einem gesetzlich festgestellten Ausbeute-Verhältnis berechnet wurden, dieses aber durchweg hinter dem Ergebnis in der Wirklichkeit zurückblieb, enthielten die Rückvergütungen zugleich Ausfuhrprämien. Ausfuhrzuschüsse in irgend welchen Formen haben andere europäische Länder gleichfalls eingeführt.

Als Deutschland seine Rübensteuer durch eine Fabrikatsteuer ersetzte, sah es sich genötigt, ebenfalls Ausfuhrprämien zu bewilligen, um die Industrie nicht eines Preisfaktors zu berauben, der im ganzen Welthandel eine hohe Bedeutung besitzt. Der Ersatz fiel aber erheblich niedriger aus als die bisherigen Vorteile. Zuerst in der Kampagne 1888/89 mußte rund die Hälfte und in der von 1892/93 davon wiederum fast die Hälfte eingebüßt werden.

Die in den einzelnen Jahren seit 1881/82 für Rohzucker gezahlten Prämen waren[1]):

1881—82 = 3,24 Mark,
1882—83 = 3,10 „
1883—84 = 3,72 „
1884—85 = 4,15 „
1885—86 = 4,88 „
1886—87 = 4,55 „
1887—88 = 4,98 „
1888—89 = 2,22 „
1889-90 = 2,39 „
1890—91 = 2,28 „
1891-92 = 2,27 „

als „Zuschüsse“ bei der Ausfuhr

1892—93/1895—96 = 1,25 „
1896—97 ff. = 2,50 „

Die Ausfuhrprämien sind bis 1896/97 fortgesetzt verringert worden. Nach dem Gesetz vom Jahre 1892 sollten sie von 1895 ab ganz fortfallen. Da aber einerseits eine internationale Einigung über

[1]) Hager, „Die Ueberwälzung der Zuckersteuer“. Berlin 1893. — Kaufmann, K., „Die Zuckerindustrie in ihrer wirtschaftlichen und steuerfiskalischen Bedeutung für die Staaten Europas“. Berlin 1878, S. 90 ff. — Katzenstein, „Die deutsche Zucker-Industrie und Besteuerung in ihrer geschichtlichen Entwickelung“. Berlin 1897, Kap. I, 8—15; Kap. II, S. 39 bis 49; Kap. IX, S. 179—197. — Uebersichten in „Statistisches Jahrbuch f. d. Deutsche Reich.“ Berlin, verschiedene Jahrgänge.

Abschaffung der Zuckerexportprämien bis dahin immer noch nicht erzielt und andererseits der Zuckerpreis auf einen außerordentlichen Tiefstand gesunken war, sah sich die Reichsregierung veranlaßt, die Fortgewähr der Prämien durch Notgesetz zu verordnen.

Durch das Gesetz vom 27. Mai 1896 wurden die Prämien fortgewährt und auch, wie oben ersichtlich, erhöht mit dem Vorbehalt, daß der Bundesrat sie ganz aufheben oder herabsetzen kann, wenn die Konkurrenzländer sich auch dazu verstehen. Als Ersatz sollen dann die Abgaben des Inlandsverbrauches ermäßigt werden. Die Erhöhung der Prämien wurde damit begründet, daß die Zuckerpreise andauernd unter den Betrag der Erzeugungskosten von 23—24 Mk. pro 100 **kg** gesunken seien, und die Ausfuhr deshalb nur mit Prämienunterstützung erhalten werden könne.

Die gesetzlich gewährten Zuckerexportprämien und die Art ihrer Berechnung sind für 100 **kg**:

1. In Deutschland:

für Zucker von 90—98 pCt. Polarisation	2,50	Mk.
„ Raffinade I. Klasse	3,55	„
„ „ II. „	3,—	„

Die Ausfuhrprämien werden durch die Belastung mit der Betriebssteuer und dem Steuerzuschuß für Ueberkontingentszucker, welche beide nicht zurückvergütet werden, dem Auslande gegenüber, das diese Steuern nicht hat, in ihrer Wirkung wesentlich vermindert.

2. In Oesterreich-Ungarn:

für Zucker von 88—93 %	Polarisation	1,50 Gulden	= 2,52	Mk.
„ „ „ 93—99,5 %	„	1,60 „	= 2,69	„
„ „ „ 99,5—100 %	„	2,30 „	= 3,86	„

Der Höchstbetrag der staatsseitig zu gewährenden Prämien beträgt 9 Millionen Gulden; ein etwa gezahltes Mehr wird nach Verhältnis der Produktion von den Fabriken am Schlusse des Jahres wieder eingezogen.

Bis zum Jahre 1896 erhielten die Zuckerfabriken thatsächlich anstatt 1,60 Gulden nur ungefähr 1 Gulden, weil die Maximalsumme damals nur 5 Millionen Gulden betrug. Diese Summe wurde erstmalig für die Kampagne von 1896/97 auf 9 Millionen Gulden erhöht, so daß die Fabriken nun auf 1,20 Gulden = 2,04 Mk. gekommen sind.

3. In Frankreich:

für Zucker von 68—98 (Kolonialzucker 65—97) % Polarisation	3,50 Fr.	= 2,80 Mk.
für Zucker von 98—100 (Kolonialzucker 97—100) % Polarisation	4,— „	= 3,20 „
für Rohzucker von 99—100 Polarisation u. 75—100 %, direkt exportiert	4,— „	= 3,20 „
für Kandis-, Brot-, Hut- pp. Zucker	4,50 „	= 3,60 „

Außerdem gewährt Frankreich in Form von Steuernachlässen indirekte — versteckte — Prämien und zwar in zwei verschiedenen Systemen, wovon das eine in einem feststehenden, das andere in einem schwankenden Nachlasse besteht. Zwischen diesen können die Fabrikanten in jeder Kampagne bis zum 15. Dezember wählen. Die Nachlässe werden nach der Zuckersteuer berechnet, welche 60 Fr. beträgt.

Nach ersterem System genießen die Fabrikanten Steuerfreiheit auf $7^1/_2$% ihrer Produktion, also einen Nachlaß von 4,50 Fr. für raffinierten Zucker und 4,05 Fr. für Rohzucker als feste Prämie. Nach letzterem System wird voll besteuert nur die Ausbeute bis 7,75 pCt. in raffiniertem Zucker berechnet. Für die Ausbeute über 7,75 bis 10,5 % Zucker ist die halbe Steuer (30 Fr.), für die Hälfte der Ausbeute über 10,5% ebenfalls die halbe, für die andere Hälfte die volle Steuer zu zahlen.

Thatsächlich soll diese indirekte Prämie in Frankreich in der Kampagne von 1896/97 6,40 Fr. = 5,12 Mk. betragen haben.

4. In Belgien:

Die belgische Prämie richtet sich nach einem Mehr an Ausbeute über 1900 gr für 1 hl Saft und Dichtigkeitsgrad. Dieses Mehr wird bei der Ausfuhr je nach seiner Art mit 40,95 bis 45,10 Fr. = 32,76—36,00 Mk. vergütet.

5. In Rußland:

Eine Prämie besteht dem Worte nach nicht. Eine solche liegt aber zum Vorteile der russischen Fabriken in der Differenz zwischen dem Inlandsnettopreis und dem Fabrikationspreise, welche auf 16 Mk. berechnet wird. Die Menge, welche den Inlandsverkehr ausmachen soll, war für 1897/98 auf 31 Million Pud und die Pflichtreserve auf 2,5 Million Pud festgesetzt. Jeder Fabrik wird erlaubt, zunächst 60000 Pud auf den inneren Markt zu bringen; der überschreitende Teil ihrer Produktion wird mit der doppelten Steuer belegt, diese aber zurückgezahlt, wenn der Zucker zur Ausfuhr gelangt. Die Pflichtreserve wird für den Konsum frei gegeben, wenn der Preis in Kiew für Krystallzucker während zwei Wochen in der Zeit vom 1. September 1897 bis 1. Januar 1898 den Betrag von 4,60 Rubel, vom 1. Januar 1898 bis 1. September 1898 den Betrag von 4,80 Rubel für 1 Pud übersteigen sollte. Diese Preise enthalten bereits die Steuer von 1,75 Rubel für 1 Pud, welche bei der Ausfuhr zurückgezahlt wird.

Das russische System[1]) verzichtet so auf jede künstliche Beförderung der Zuckerausfuhr durch die Steuergesetzgebung, hemmt durch das Ventil der Ergänzungsaccise die Ueberführung des inländischen Marktes durch überschüssige Produktionsmengen und

[1]) Elster, Wörterbuch d. Volkswirtschaft, Art.: „Zuckersteuer u. Zuckerzoll.“

bewirkt durch die staatliche Regelung des Zuckermarktes, daß die Preise des Zuckers nicht unter die Produktionskosten sinken, wie sie andererseits durch die Erschließung der eisernen Bestände und der geeigneten Kontingentserhöhung die Steigung der Preise eindämmt.

In den für den Wettbewerb gegen den deutschen Zucker hauptsächlich in Betracht kommenden Ländern Oesterreich-Ungarn und Frankreich wird die Zuckerausfuhr durch Gewährung staatlicher Prämien in ausgiebigerer Weise unterstützt als in Deutschland. In Rußland findet die Zuckerindustrie sonst reichen Schutz.

Besondere Erschwernisse durch Zollmaßregeln in den Vereinigten Staaten von Nordamerika.

Die amerikanische Zollgesetzgebung belegt die Länder, welche Ausfuhrvergütungen für Zucker gewähren, mit Differentialzuschlägen. Bei diesen war bis vor kurzem noch ein Unterschied zwischen dem deutschen und dem Zucker der anderen europäischen Länder zu Ungunsten des deutschen Erzeugnisses gemacht worden. Den Einspruch der Deutschen Reichsregierung gegen diese Ungerechtigkeit haben die Amerikaner nicht beachtet.

Nach dem neuen Dingley-Zolltarif sollen diese Differentialzölle, welche als Kompensationszölle bezeichnet sind, in Höhe des Nettobetrages der im Ausfuhrland gezahlten Prämien erhoben werden ohne Rücksicht darauf, ob diese offene oder Fabrikationsprämien sind. In Wirklichkeit wurde aber der Kompensationszoll nur erhoben in Höhe der in Deutschland, Oesterreich-Ungarn und Frankreich gezahlten direkten Ausfuhrzuschüsse, somit ohne die wesentlich höheren versteckten Prämien Frankreichs, Belgiens und Rußlands, sowie sogar ohne die direkten Ausfuhrprämien der Niederlande.

Seit dem 10. März 1898 werden aber auch bei Einfuhr von französischem Zucker die versteckten Prämien als Kompensationszoll erhoben, wodurch der französische Ausfuhrzucker dem deutschen gleichgestellt ist, wenn die indirekten Prämien zuverlässig festgestellt sind.

C. Die Marktlage

im Vergleich zu früheren Jahren beleuchten die folgenden Durchschnittspreise von deutschen Großhandelsplätzen [1]). Sie waren für 100 kg Rohzucker ohne Sack und Raffinade ohne Faß, ersterer mit 88 % Rendement und 3 Monat Ziel, Raffinade mit 2 Monat Ziel, in Mark:

[1]) Zusammenstellung in: „Statistisches Jahrbuch für das Deutsche Reich". Berlin. 20. Jahrgang 1899, S. 151.

Jahr	Köln	Magdeburg	Köln	Magdeburg
	heller Korn-Rohzucker	I. Produkt Korn-Rohzucker	Raffinade mit kleinen Etiquetts	1 Brod
1889	43,8	41,4	66,8	63,7
1890	33,4	31,9	58,2	56,3
1891	35,7	34,2	59,1	56,8
1892	34,0	32,5	60,0	57,7
1893	31,0	29,5	61,8	57,6
1894	23,8	22,3	52,3	49,4
1895	21,4	19,9	48,3	45,0
1896	23,8	22,1	51,5	49,2
1897	21,0	19,4	49,4	46,5
1898/9	22,5	20,8	50,7	47,6

Der Durchschnittspreis für Rohzucker war an den 5 Großhandelsplätzen Deutschlands 1898/99 nur 22,41 Mk., ohne Verbrauchsabgabe u. s. w. und ohne Frachtkosten bis dahin, weil diese zu Lasten des Verkäufers gehen, welcher somit um deren Betrag weniger erzielte.

Für 7 Hauptmärkte in Europa und Amerika waren zu nachbenannten Zeiten die Preise:

Im Durchschnitt in der Zeit	Magdeburg für 50 kg	Hamburg für 50 kg	Prag für 100 kg	Paris für 100 kg
	Mk.	Mk.	Fl.	Frs.
vom 30. März b. 5. Apr. 1900	10,18	10,18$^1/_2$	—	30,85
„ 14.—20. April 1899	10,95	10,94	14,12	32,68$^3/_4$
„ 16.—22. „ 1898	9,03	9,06	12,24	31,73
„ 16.—22. „ 1897	8,61$^1/_2$	8,62$^1/_2$	11,60	25,31$^1/_4$
„ 16.—22. „ 1896	12,71$^1/_2$	12,72	16,27$^1/_2$	34,07$^1/_2$
„ 13.—19. Oktbr. 1899	9,19	9,18$^3/_4$	12,12	27,67
„ 13.—19. „ 1898	9,71$^1/_2$	9,73	12,53	31,54
„ 15.—21. „ 1897	8,55	8,53$^3/_4$	11,57$^1/_2$	27,68$^3/_4$
„ 15.—21. „ 1896	9,06	9,04	12,03	26,98

Im Durchschnitt in der Zeit	Amsterdam für 100 kg	London für 1 Cwt. = 50,75 kg	New-York für 1 Livre. (112 Livre = 50 kg)
	Fl.	sh.	Ct.
vom 30. März b. 5. Apr. 1900	12$^1/_8$	10/1$^3/_4$ d	4$^{13}/_{32}$
„ 14.—20. April 1899	13	10/10$^1/_2$ „	4$^{19}/_{32}$
„ 16.—22. „ 1898	10$^7/_8$	9/8 „	4$^1/_{16}$
„ 16.—22. „ 1897	10$^1/_4$	8/6$^1/_2$ „	3$^9/_{32}$
„ 16.—22. „ 1896	15	12/8$^1/_2$ „	4$^7/_{24}$
„ 13.—19. Oktbr. 1899	10$^{11}/_{16}$	9/1 „	4$^5/_{16}$
„ 13.—19. „ 1898	11$^{13}/_{32}$	9/8$^1/_2$ „	4$^1/_4$
„ 15.—21. „ 1897	10$^3/_{16}$	8/6$^1/_2$ „	3$^{28}/_{32}$
„ 15.—21. „ 1896	10$^7/_8$	8/11$^1/_4$ „	3

Auf einem privaten Gebiete wird das deutsche Exportgeschäft in den Vereinigten Staaten ebenfalls schwer geschädigt. Das ist die Beherrschung des Marktes durch die Kapitalmacht großer Ringe. Die Raffinerien der Vereinigten Staaten sind mit verschwindenden Ausnahmen in der Sugar Refining Company zu einem Zuckertrust von außerordentlicher Kapitalkraft organisiert. Der großen Vielheit der Rohzuckerfabrikanten steht dieser Trust als eine Einheit gegenüber, die durch ihre Organisation noch machtvoller wird. Der Sugar-Trust unterhält für sämtliche kontinentale Anschaffungen einen einzigen in London stationierten Einkäufer, der sich regelmäßig von den Händlern ganz exorbitante Mengen Rohzucker anstellen läßt, sich die Entschließung aber lange Zeit vorbehält. Welchen Einfluß diese Verhältnisse auf die Preisbildung haben, ergiebt sich daraus, daß der Einkäufer des Trusts die Angebote aus sämtlichen Zuckerländern Europas erhält, während die Händler sich auf den Terminmärkten decken.

Das Ergebnis der unter A, B, C gebrachten Darlegungen läßt sich kurz, wie folgt, zusammenfassen:

Die Ausfuhr des deutschen Zuckers ist durch die wachsende und noch weiter erheblich zunehmende Konkurrenz des Rohrzuckers und durch die Entwickelung der amerikanischen Marktverhältnisse, sowie durch willkürliche Zollmaßnahmen der Hauptkonsumländer, Nordamerika und England, jederzeit gefährdet. Die Unterstützung durch Ausfuhrzuschüsse ist bei deren Beträgen und den fortgesetzt niedrigen Zuckerpreisen, sowie fortgesetzt gesteigerter Belastung des Inlandsverbrauches nicht zureichend, um der deutschen Zuckerindustrie hinreichende Widerstandsfähigkeit bei Erschwerung des Konkurrenzkampfes zu verleihen.

D. Die Transportkosten.

Die Preise der letzten Jahre sind anhaltend hinter dem Stande zurückgeblieben, den sie zur Deckung der 1896 von der Reichsregierung ermittelten Erzeugungskosten des Zuckers haben müßten. Da diese nach der Erklärung der Reichsregierung in der Begründung des Gesetzes vom 27. Mai 1896 von der Industrie in nennenswertem Maße nicht mehr vermindert werden können, bleibt der Industrie nur übrig, eine Ersparung an den Unkosten ins Auge zu fassen. Dabei fallen die Transportkosten stark ins Gewicht.

Welche Bedeutung denselben in sachverständigen Kreisen beigemessen wird, das beweist folgender Ausspruch des Geh. Reg.-Rat Prof. Dr. Maerker in der Sitzung des deutschen Landwirtschafts-Rates[1]) vom 10. Februar 1898: „Es wird aller Wahrscheinlichkeit nach in der nächsten Zeit das Gedeihen der Zuckerfabriken auf eine Transportfrage hinauskommen, und die ganze Rentabilität derselben von der Billigkeit des Transportes abhängen."

[1]) Archiv des deutschen Landwirtschafts-Rates. Jahrg. 1898. S. 155.

Damit sind alle Transportkosten gemeint. Zur Verbilligung derselben, soweit es sich um die Zufuhr der Rüben und Abfuhr der Abfall- und Nebenprodukte handelt, ist größte Regsamkeit in der Anlage von Kleinbahnen, Benutzung von Feldbahnen ꝛc. zu verzeichnen. Auch die Eisenbahnen haben hierfür bereits wesentliche Frachtermäßigungen zugestanden. Für den Absatz des Produktes Zucker ist dies nicht geschehen und Selbsthilfe meist ausgeschlossen. Die Beförderung des Zuckers geschieht entweder per Eisenbahn oder per Schiff. Für denjenigen Zucker, welcher ganz oder teilweise auf die letztgenannte Art verfrachtet wird, sind Frachtverbilligungen mehr oder weniger auch schon erreicht worden. Denn nach den Erklärungen der Handelskammer in Halberstadt und der Aeltesten der Kaufmannschaft in Magdeburg, welche im zweiten Abschnitt ausführlicher besprochen werden, sind die Elbschiffsfrachten fortgesetzt gesunken. Soweit der Eisenbahntransport ganz oder teilweise in Frage kommt, ist für den bei weitem am hervorragendsten Export über die Seehäfen direkt per Eisenbahn oder mit Umschlag seit mehr als 20 Jahren keine Frachtverbilligung eingetreten.

Angesichts dieses Umstandes und der fortgesetzten Frachtherabsetzungen für Zucker in allen benachbarten Konkurrenzländern hat die bedrängte Zuckerindustrie an dieser Stelle den Hebel zur Verbesserung ihrer Lage angesetzt.

Zweiter Abschnitt.

Die Notwendigkeit ermäßigter Tarife auf deutschen Eisenbahnen für Verfrachtung von Zucker zum Zwecke der Ausfuhr.

IV. Die bestehenden Tarifsätze für Zucker auf den deutschen Eisenbahnen.

Bevor die Bestrebungen der Zuckerindustriellen zur Erlangung billigerer Frachten für Ausfuhrzucker auf den deutschen Eisenbahnen erörtert werden sollen, ist die Tariflage auf den deutschen Eisenbahnen zu beleuchten.

Zucker von mehr als 98 % Polarisation in 10 t Ladungen tarifiert seit Einführung des deutschen Reform-Gütertarifes im Jahre 1878 im Binnenverkehr nach der Allgemeinen Wagenladungsklasse B, Zucker von weniger als 98 % Polarisation und Zucker aller Art im Falle der Ausfuhr und Durchfuhr nach Sp.-T. I.

Es genießt also nur der raffinierte Ausfuhrzucker eine Frachtermäßigung, Rohzucker nicht.

Der Spezialtarif I wird gebildet mit einem Streckeneinheitssatze von 4,5 Pf. pro tkm und einer festen Abfertigungsgebühr, welche bis 50 km — 60 Pf., bis 100 km — 90 Pf., über 100 km — 120 Pf. pro tkm beträgt.

Bei der allgemeinen Wagenladungsklasse wird ein Streckensatz von 6 Pf. und eine feste Abfertigungsgebühr von bis 10 km — 80 Pf., bis 20 km — 90 Pf., bis 30 km — 100 Pf., bis 40 km — 110 Pf. und über 40 km — 120 Pf. pro tkm eingerechnet.

Zur leichteren Vergleichung, wie hoch sich hiernach die Frachtermäßigungen für raffinierten Zucker zur Ausfuhr thatsächlich belaufen, werden nachfolgend einige Sätze aufgeführt:

Entfernung	Sätze pro 100 kg		
	Allgemeine Wagenladungsklasse B	Spezialtarif I	Mithin Spezialtarif I billiger
km	₰	₰	₰
25	25	17	8
50	42	29	13
75	57	43	14
100	72	54	18
150	102	80	22
300	192	147	45
500	312	237	75
800	492	372	120

Diese Tarifierung gilt allgemein im ganzen Deutschen Reiche in jeder Verkehrsrelation, soweit nicht billigere Spezial-Ausfuhrtarife von bestimmten Stationen nach bestimmten Hafenstationen oder Absatzländern bestehen.

Rheinland und Westfalen[1]) sind die einzigen Versandgebiete, welche sich solcher Spezialausnahmetarife nach deutschen Nordseehäfen zu erfreuen haben. Dieselben stammen aus früheren Ausnahmetarifen der Privatbahnzeit her und sind zur Förderung des deutschen Seehandels gegenüber dem niederländischen Wettbewerb beibehalten worden. Die Sätze sind mit Giltigkeit vom 1. September 1898 auf der Grundlage des deutschen Spezialtarifes II mit 3,5 Pf. Streckentaxe und 120 Pf. Abfertigungsgebühr pro tkm neureguliert. Bei verschiedenen Versandstationen bewirken aber die Konkurrenzen Amsterdams sogar ein Herabsinken auf den Streckensatz von 3 Pf. (+ 120 Pf. Abfertigungsgebühr), d. i. die Mitte zwischen dem deutschen Spezialtarif II und III.

Nachstehend werden diese Frachtsätze für 3 Durchschnittsentfernungen denen des Spezialtarifs I (des allgemeinen Satzes für Ausfuhrzucker) gegenübergestellt:

Entfernung	Frachtsatz für 100 kg in Pfg.			Es sind billiger die Sätze		Zum Vergleich
	Spezialtarif I	Die Sätze auf d. Grundl. a 3,5 + 12	Die Sätze auf d. Grundl. b 3,0 + 12	a	b	Spezialtarif III
km				₰	₰	₰
200	102	82	72	20	30	56
250	125	100	87	25	38	67
300	147	117	102	30	45	78
350	170	135	117	35	53	89

Auf Grund dieses Tarifes[2]) sind 1897 = 246 t, 1898 = 134 t abgefertigt. Eine erhebliche Bedeutung hat derselbe also nicht erlangt.

Zur Hebung des deutschen Handels nach der Levante (den Küstengebieten der Balkanhalbinsel, Kleinasiens und Egyptens) wurde im Jahre 1890 ein kombinierter direkter Eisenbahn- und Dampfschiffstarif (Deutscher Levantetarif) eingerichtet, dem ein gleichartiger Tarif für den Verkehr nach den ostafrikanischen Häfen, sowie auch direkt bis Johannisburg und Pretoria im Jahre 1894 folgte. In diese Tarife sind für die deutschen Eisenbahnstrecken bis Hamburg ermäßigte gestaffelte Zuckerfrachtsätze eingerechnet, welche sich für 10 t Ladungen aus Streckentaxen von 3—2,4 Pf. und 60 Pf. halbe Abfertigungsgebühr pro tkm zusammensetzen.

---

[1]) Protokoll der 13. Sitzung des Landeseisenbahnrats vom 7. und 8. Dezember 1888 und Drucksachen des L.-E.-R. v. 1898. S. 363.

[2]) Amtliche Auskunft der Königlichen Eisenbahn-Direktion Essen vom 2. Januar 1900.

Bei allen nachfolgenden Vergleichungen von Tarifsätzen sind diejenigen des Spezialtarifs I um 1/2 Abfertigungsgebühr — 60 Pf. pro tkm — gekürzt, weil es sich um direkte Verbandstarife handelt. Bei solchen entspricht es nationalem und internationalem Brauche, sowie der Praxis der Tariferstellung, daß Abfertigungsgebühren in direkten Frachtsätzen der normalen Tarifklassen nur einmal, und zwar von jeder Endbahn 1/2 Gebühr, erhoben werden.

Wie sich die Frachtsätze (aus dem Tarif entnommen) gegenüber dem Spezialtarif I verhalten, läßt sich nicht genau feststellen, da aus dem Tarife die Anteile bis Hamburg nicht zu erkennen sind. Zwecks ungefährer Schätzung sind solche Anteile bis Hamburg mit dem durchschnittlichen Streckeneinheitssatz von 2,7 in nachfolgender Tabelle ermittelt:

Entfernung km	Frachtsatz für 100 kg in Markpfennig.			Zum Vergleich Spezialtarif III ₰
	Spezialtarif I ₰	Sätze d. Levante- u. des Ostafrikatarifs ₰	Letztere sind billiger ₰	
116	58	37	21	32
210	101	64	38	52
301	141	87	54	72
400	186	114	72	94
505	233	142	91	117
600	276	168	108	138

Ob und wie viel Gebrauch von der Einrichtung gemacht ist, entzieht sich des Verfassers Kenntnis. Nach der Ausfuhr zu urteilen, finden die Tarife sehr wenig Anwendung.

Der Ausfuhr über die trockene Grenze dienen zunächst in den Tarifen mit den unteren Donauländern, Rumänien, Serbien, Bulgarien und Türkei, für 5 und 10 t Wagenladungen Ausnahmesätze, welche für die deutschen Strecken sämtlich auf der Grundlage: 1/2 Abfertigungsgebühr = 60 Pf., Streckensatz für 5 t Ladungen = 3,5 Pf., für 10 t Ladungen = 3,0 Pf. pro tkm beruhen.

In nachstehender Gegenüberstellung werden entsprechend den übrigen Tabellen nur die Sätze für 10 t Ladungen gewählt.

Entfernung km	Frachtsätze pro 100 km			Zum Vergleich Spezialtarif III ₰
	Spezialtarif I ₰	Sätze obig. Tarife ₰	Unterschied ₰	
200	96	66	30	50
300	141	96	45	72
400	186	126	60	94
500	231	156	75	116
600	276	186	90	138

Die auf Grund dieser Tarife abgefertigten Mengen sind dem Verfasser ebenfalls nicht bekannt. Sie lassen sich auch nur von den Eisenbahn-Verwaltungen selbst ermitteln, dürften aber, nach den Ausweisen der Reichsstatistik zu urteilen, sehr gering sein.

Zur Erleichterung des Wettbewerbes des deutschen mit dem österreichischen Zucker in der Schweiz[1]) sind 1894 Frachtsätze für Zucker aller Art nach Basel trs. und direkte Sätze nach schweizerischen Stationen für Farine, raffinierten und krystallisierten Zucker, seit 1895 auch für Rohzucker, erstellt. Tarifgrundlagen hinsichtlich der deutschen Eisenbahnstrecken sind: Regelrechte 1/2 Abfertigungsgebühr = 60 Pf. pro 1 tkm, gestaffelte Streckensätze in folgender Skala:

Entfernung km	5 t Ladung pro tkm ₰	10 t Ladung pro tkm ₰
bis 200	5,0	4,0
Anstoß 201—400	4,0	2,5
„ 401—600	3,5	2,0
„ 601—800	3,5	1,5
„ über 800	3,0	1,0

Die wirklichen Frachtsätze für 10 t Ladungen nach Basel stellen sich gegenüber denen des Spezialtarif I (mit 1/2 Abf.-Geb.) wie folgt:

Entfernungen km	Sätze für 100 kg			Zum Vergleich Spezialtarif III ₰
	Spezialtarif I ₰	Obig. Ausnahmetarif ₰	Letzterer billiger ₰	
495	229	161	68	115
517	239	191	48	120
610	281	184	97	140
703	322	197	125	161
826	378	215	163	188
978	446	230	216	221
1064	485	238	247	240

Außerdem bestehen für Station Gr. Gerau an der Eisenbahnlinie Mainz-Darmstadt Spezialsätze mit den Streckensätzen pro 5 t Ladung = 4 Pf. m pro 10 t Ladung = 2,0 Pf. pro tkm[2]). Diese Ausnahmetarife nach der Schweiz werden am meisten benutzt. In den Jahren 1897 und 1898 sind die nachfolgenden Mengen deutschen Zuckers per Eisenbahn dahin befördert und haben vermutlich die Ermäßigungen obiger Ausnahmetarife genossen[3]):

[1]) Drucksachen des Pr. Landes-Eis.-Rats 1894 und 1895.
[2]) Drucksachen des Pr. Landes-Eis.-Rats 1894 und 1895.
[3]) Siehe Statistik der Güterbewegung auf den deutschen Eisenbahnen. 1897 und 1898.

Von Verkehrsbezirken	1897 Roh-zucker t	1897 Raff. Zucker t	1898 Roh-zucker t	1898 Raff. Zucker t
(11) Provinz Hannover und eingeschlossene Länder . . .	—	10	40	10
(18) Reg.-Bez. Magdeburg u. Anhalt	—	1254	—	378
(19) Reg.-Bez. Merseburg, Erfurt und thüring. Staaten . .	—	2	—	—
(20) Königreich Sachsen	—	6	—	—
(24) Provinz Westfalen und eingeschlossene Länder . . .	—	152	—	188
(26) Rheinprovinz, links-rheinisch .	—	340	—	795
(30) Elsaß	21	21	21	53
(31) Bayrische Pfalz	—	9501	—	14 239
(32) Großherzogtum Hessen . . .	30	—	10	—
(33) " Baden . . .	—	1	—	127
(34) Mannheim und Ludwigshafen	—	22	—	114
(35) Württemberg	—	1	—	—
Summa	51	11 310	71	15 904
	11 361 t		15 975 t	

Die letzte Kategorie der Zuckerausfuhrtarife bilden Ausnahmetarife nach Italien und dem österreichischen Küstengebiet (Istrien-Triest. Erstellt auf der Grundlage von 60 Pf. regelrechter $^1/_2$ Abfertigungsgebühr auf deutscher Seite und 2,7 ctms = 2,2 Pf. Streckengebühr pro tkm, verhalten sie sich zu den Sätzen des Spezialtarifs I, wie folgt:

(Frachtsätze im Tarif in Frankenwährung durchgerechnet für einige Entfernungen in Markwährung auf obiger Grundlage.)

Entfernung km	Spezialtarif I ₰	Sätze pro 100 kg Ausnahmetarife nach Italien ₰	Letztere billiger ₰	Zum Vergleich Spezialtarif III ₰
500	231	116	115	116
600	276	138	138	138
700	321	160	161	160
800	366	182	184	182
900	411	204	207	204
1000	456	226	230	226

Die Statistik der Güterbewegung auf den deutschen Eisenbahnen weist weder für 1897, noch für 1898 Zuckersendungen nach Italien nach.

Wie aus Vorstehendem hervorgeht, decken sich die bestehenden Spezialausnahmetarife für Zucker teils annähernd mit dem deutschen Spezialtarif III, teils halten sie die Mitte zwischen Spezialtarif II und III. Nur ein verschwindend kleiner Teil des Exportes macht davon Gebrauch.

Der preußische Zuckerexport von rund 1 Million Tonnen verteilte sich im Jahre 1897[1]) auf die verschiedenen Transport-Gelegenheiten wie folgt:

Direkter Wasserweg	263 000 t
Umschlagsweg	490 000 t
Direkter Bahnweg[2])	248 000 t
Sa.	1 001 000 t

Da die obigen besonders ermäßigten Spezialausnahmetarife nur in verschwindendem Umfange (vielleicht schätzungsweise für höchstens 18000 t) benutzt worden sind, dürften rund 720 000 t preußischen Ausfuhrzuckers nach dem Spezialtarif I teils bis zum Wasserumschlagsplatz, teils bis zu den Seehäfen bezw. auch der Landesgrenze im Westen abgefertigt worden sein.

Mit wenigen Worten ist noch der Zuckerdurchfuhr per Eisenbahn zu gedenken. Wie schon erwähnt, finden dafür generell ebenfalls die Sätze des Spezialtarifs I Anwendung.

Einer Ausnahme erfreut sich der russiche Zucker, welcher seinen Weg über Königsberg und Danzig nach außerdeutschen Ländern nimmt. Diese Vergünstigungen, welche gewährt werden mußten, wenn nicht Königsberg und Danzig ihre Bedeutung als Zuckerhandelsplätze verlieren sollten, hat zu den lebhaftesten Protesten namentlich von deutscher agrarischer Seite Anlaß gegeben, und naturgemäß haben die deutschen Zuckerfabrikanten dagegen protestirt, daß russischer Zucker auf deutschen Schienenwegen billiger gefahren werde, als deutscher.

Zunächst steht für Zuckerraffinade, Würfelzucker, Melis- und Sandzucker von Rußland zur überseeischen Wiederausfuhr nach dem nördlichen Rußland ausschließlich Finnland ein Durchfuhrtarif für Danzig und Neufahrwasser in Geltung, welcher mit regelrechter $^1/_2$Abfertigungsgebühr 60 Pf. und einem Durchschnitts-Einheitssatze[3]) von 3,406 Pf. pro tkm. für die deutschen Strecken — also etwas billiger als Spezialtarif II — zur Unterstützung des deutschen Seehandels gebildet ist.

Sodann wurde durch Tarif vom 15. Oktober 1899[4]) dem russischen Zucker, welcher zur überseeischen Ausfuhr nach außer-

[1]) Niederschrift der Verhandlungen des Ausschusses des Landes-Eisenbahn-Rats 1898, S. 15.

[2]) Einschließlich 51 000 t an Raffinerien in Seehäfen.

[3]) Drucksachen des Landes-Eisenbahn-Rates 1898, S. 363.

[4]) Tarif und die Verhandlungen des Bezirks-Eisenbahn-Rates Bromberg 1899 darüber.

deutschen Ländern über Königsberg und Danzig 2c. bestimmt ist, zwecks Aufnahme der Konkurrenz gegen die ermäßigten russischen Zuckertarife des russischen Ostseehafens Libau für die deutschen Eisenbahn-Durchfuhrstrecken Spezialtarif II (3,5 + 6) zugestanden.

Der Umfang der Zuckerdurchfuhr per Eisenbahn durch das deutsche Zollgebiet betrug:

Jahr	Laut Statistik der Güterbewegung t	Laut amtlicher Auskunft[1]) der Marienburg-Mlawka-Eisenbahn t	Im Ganzen
1897	26 698	16 555	43 253
1898	28 852	10 343	39 195

Endlich sei noch bemerkt, daß in der Sitzung der ständigen Tarifkommission in Berlin am 6. Februar 1900 die Aufnahme von Viehzucker in Spezialtarif III angenommen wurde[2]).

V. Die Bestrebungen von Zucker-Interessenten im Deutschen Reiche für Detarifierung.

1. Die Agitation für Frachtverbilligungen und Detarifierung seit dem ersten Vorgehen der schlesischen Rübenzucker-Industriellen im Jahre 1893.

Die schlesischen Interessenten an der Rübenzucker-Industrie hatten bereits im Jahre 1893 infolge der für die Ausfuhr von Zucker ungünstigen Lage der Provinz bei zunehmender wirtschaftlicher Depression dieser Industrie die Verbilligung der Eisenbahnfrachten als empfehlenswertes Mittel zur Ueberwindung der Schwierigkeiten im Konkurrenzkampf aufgefaßt.

Die dieserhalb aufgewendeten Bemühungen blieben damals erfolglos[3]). Aber die versagte Zustimmung konnte die Ueberzeugung von der Notwendigkeit einer Detarifierung nicht erschüttern; eine rührige Agitation führte zu neuen Eingaben an die Staats-Eisenbahn-Verwaltung in den Jahren 1894 und 1895, worin Spezial-Ausnahmetarife auf staffelförmiger Grundlage von den schlesischen Versandstationen nach den Häfen Stettin, Hamburg und Danzig erbeten wurden.

In der Begründung der Anträge der Schlesier vom Jahre 1895 ist das Bedürfnis für Frachtermäßigungen durch den Hinweis darauf erläutert worden, daß die Gesamtmenge der schlesischen

[1]) Die Marienburg-Mlawkaer-Eisenbahn beteiligt sich nicht an der Aufstellung der Statistik über die Güterbewegung auf den deutschen Eisenbahnen.

[2]) Zeitung des Vereins deutscher Eisenbahnverwaltungen Nr. 12/1900.

[3]) Verhandlungsschriften des Ausschusses vom 18. Mai 1893 und des Bezirks-Eisenbahnrates in Berlin vom 7. Dezember 1893.

Zuckererzeugung den Verbrauch wesentlich übersteige. Die Industriellen seien deshalb auf die Ausfuhr in das Ausland angewiesen. Die Nachbarländer Rußland und Oesterreich wären für den deutschen Zucker verschlossen; ein Absatz nach den Hinterländern von Oesterreich, nach Italien oder nach der Schweiz, sei nicht zu finden. Es müsse somit in erster Linie mit der Ausfuhr nach skandinavischen Ländern und nach England gerechnet werden.

Hierfür lägen indessen die deutschen Seehäfen von Schlesien so entfernt, daß der direkte Eisenbahnweg gar nicht oder nur mit unverhältnismäßig hohen Opfern für die Zuckerindustrie Schlesiens verwertbar sei. Die Ausfuhr könne daher lediglich auf der Oder oder in Verbindung mit dem märkischen Wasserstraßennetz auf der Elbe bewirkt werden.

In den weiteren Ausführungen wurde bemerkt:

Diese Wasserstraßen bieten auch für Schlesien nicht diejenigen Vorteile, welche andere Zuckerversandgebiete aus den ihnen zur Verfügung stehenden Wasserstraßen zu ziehen vermögen. Die Oder ist während des Winters regelmäßig länger geschlossen als der Rhein und die Elbe und leidet auch während der Schiffahrtsperiode verhältnißmäßig häufig an Wassermangel. Dadurch wird namentlich der Absatz raffinierten Zuckers nach dem in Frage kommenden Hauptmarkt Hamburg behindert.

Die Abnehmer von Raffinade bevorzugen von vornherein diejenigen Marken, welche während des ganzen Jahres oder doch mit kurzer Unterbrechung erhältlich sind. Das ist bei schlesischem Zucker wegen Ungunst der Verkehrsstraßen nicht der Fall.

Während die Lieferungszeiten auf dem Rhein und auf der Elbe regelmäßige sind und von Frankfurt bis Rotterdam etwa 4 Tage, von Laube bis Hamburg etwa 8—10 Tage betragen, entbehren die Lieferungszeiten auf der Oder der Regelmäßigkeit.

Ihre Dauer bei offener Schiffahrt beträgt nach Stettin durchschnittlich 3 Wochen und nach Hamburg 5 Wochen, wenn die örtlichen Verhältnisse der Breslauer Umschlagsplätze und die Verzögerung bei der Sammlung einer Schiffsladung mit in Rechnung gezogen werden.

Infolgedessen ist bei Verschiffungen über die Oder regelmäßig mit Zinsverlusten zu rechnen, während solche bei dem Rhein und der Elbe nur für Zeiten der geschlossenen Schiffahrt in Frage kommen. Durch die lange Transportdauer kann Schlesien bei kurzen Terminen in Hamburg gar nicht als Verkäufer auftreten und aus wechselnden Konjunkturen Vorteil ziehen. Auch bei der steuerlichen Abfertigung erwachsen den Odertransporten erhöhte Lasten, weil in Ermangelung von Verschlußkähnen für Steuergut die einzelnen Kolli verbleit werden müssen. Hinzu kommt, daß die Frachtkosten auf der Oder und den märkischen Wasserstraßen erheblich höher sind, und die Schiffahrtsgebühren auf den letzteren.

Zur Höhe der zu gewährenden Frachtermäßigung sind in der Begründung zwei Vorschläge enthalten, welche beide davon ausgehen, daß die jetzigen Tarife bis 200 Kilometer bestehen bleiben, und daß von da an eine verschieden bemessene Abstufung der Einheitssätze erfolgt mit der Maßgabe, daß an Gesamtfracht die Sätze des Spezialtarifs III nicht unterboten werden.

Diese ermäßigten Sätze sind etwa bis 275 km höher als diejenigen des Spezialtarifs II; sie gehen von da ab herunter und fallen bis zu den Sätzen des Spezialtarif III bei 600 km. Da die Entfernung von den schlesischen Zuckerversandstationen zumeist nur nach Hamburg größer ist als 600 km, nach Stettin und Danzig aber nur in wenigen Relationen hinter 275 km zurückbleibt, würden die beantragten Ausnahme-Frachtsätze sich weit überwiegend zwischen den Sätzen des Spezialtarifs II und III bewegen, dem letzteren aber am nächsten kommen.

Vom Bezirks-Eisenbahnrat Breslau[1]) wurde das Bedürfnis zur Gewährung solcher Ausnahmetarife für Zucker zur Ausfuhr anerkannt, aber nicht allein für Schlesien, sondern auch ebenso für die Posenschen Stationen westlich der Linie Gnesen-Wreschen.

Der Ausfuhrtarif solle sich auf Zucker aller Art erstrecken. Von den vorgeschlagenen Staffelsätzen seien die jeweils günstigeren einzuführen.

Der Ausschuß des Landes-Eisenbahnrates hat die Anträge in Anerkennung der Gründe befürwortet, die Vollsitzung des Landes-Eisenbahnrates aber abgelehnt, was im Wesentlichen auf die Gegnerschaft der mitteldeutschen und rheinischen Zucker-Industriellen und der Aeltesten der Kaufmannschaften in Danzig und Magdeburg zurückzuführen ist.

In der nach der Aktion der Schlesier folgenden Zeit war die gesamte deutsche Rübenzucker- und Raffinations-Industrie durch fortgesetzt gesunkene Zuckerpreise und durch die von der nordamerikanischen Zollgesetzgebung verursachten Ausfuhrerschwernisse in eine sehr kritische Lage gekommen.

Die Reichsregierung hatte schon durch das Notgesetz vom 9. Juni 1895 Abhilfe zu schaffen gesucht und am 1. August 1896 trat das neue Zuckersteuergesetz vom 27. Mai 1896 in Kraft.

Beide Gesetze sind bereits besprochen worden.

Daß das neue Gesetz von vornherein den von der rübenbauenden Landwirtschaft und der Zuckerindustrie gestellten Forderungen nicht gerecht geworden ist und die Depression nicht zu beheben vermocht hat, veranlaßte die deutsche Zuckerindustrie zur Aufnahme der Bestrebungen der Schlesier im ganzen Deutschen Reiche.

---

[1]) Verhandlungsschriften des Ausschusses des Bezirks-Eisenbahnrates Breslau vom 28. Juli 1895 und der Vollversammlung am gleichen Tage. — Protokolle des Ausschusses des Landes-Eisenbahnrates am 13.—14. Dezember und der Vollsitzung am 22.—23. Dezember 1895.

Was den Schlesischen und Posenschen Fabrikanten im Wesentlichen mit durch die Gegnerschaft der mitteldeutschen und rheinländischen Berufsgenossen versagt worden war, machte der **Gesamtverein für die Rübenzucker-Industrie des Deutschen Reiches** zu seiner Forderung.

In einer Eingabe des Direktoriums vom 5. Juli 1896 an die Preußischen Minister der öffentlichen Arbeiten, der Finanzen und der Landwirtschaft[1]) wurden nach ausführlichen Darstellungen als Forderungen bezw. als die zu stellenden Anträge bezeichnet: für den Bahntransport von Zuckerrüben, der entzuckerten Rübenschnitzel, des Kalkschlamms und der Kalksteine die Expeditionsgebühr auf 2,50 Mk. für den Bahnwagen zu ermäßigen; für den Bezug von Feuerungsmaterial die gegenwärtigen Frachtbeträge für die Monate von März bis einschließlich August um 15% und für den Transport von im Inlande erzeugten Zucker jeglicher Qualität, sobald dieser Zucker nachweislich zur direkten Ausfuhr über die Grenzen Deutschlands bestimmt ist, um 33⅓% herabzusetzen.

In den Ausführungen wurde erwähnt, daß diese kleinen Mittel wenigstens teilweise das ersetzen sollten, was der Zuckerindustrie in der Vorlage des Entwurfs eines Zuckersteuergesetzes zwar zugedacht gewesen war, auf dem Wege der Gesetzgebung aber versagt geblieben ist. Die derzeit giltigen Frachtsätze für von den Fabriken per Bahn zu beziehende Güter gehörten zu den Belastungen, welche sie bedrückten. Die erbetenen Ermäßigungen bedeuteten für die Ueberschüsse der Königl. Staatseisenbahn nur wenig, für die Zuckerfabriken aber eine wesentliche Entlastung. **Die Beförderung der Ausfuhrfähigkeit des Zuckers durch tarifarische Maßregel würde der Zuckerindustrie namhafte Vorteile gewähren.** Ueber die Hälfte des erzeugten Zuckers müßte ausgeführt werden. Unter Hinweis auf Vergünstigungen in Oesterreich-Ungarn und in Rußland durch ermäßigte Frachtsätze wird deren Einführung in Deutschland zu den vornehmsten Mitteln zur Förderung der Ausfuhrfähigkeit des Zuckers gerechnet. Wasserwege hätten nur lokale Bedeutung und versagten sehr oft.

Die Eingabe blieb zunächst unbeantwortet.

In einer zweiten vom 4. Dezember 1896 an den Minister der öffentlichen Arbeiten war von den **unerläßlichen Forderungen** der Zuckerindustrie bezüglich der Eisenbahntransporte die Rede. Die Forderung des Vereins der Rübenzucker-Industrie für **Ausfuhrzucker** des Deutschen Reiches wurde dahin erweitert: **„Entweder 33⅓% billigere Ausnahmetarife oder Spezialtarif II“.** Beides deckt sich in der Höhe der Beträge ungefähr.

[1]) In der Anlage zu dieser Eingabe sind die in den Jahren 1893/94 und 1894/95 von den Zuckerfabriken Deutschlands durch die Eisenbahnen bezogenen Gütermengen angegeben worden.

Indessen wurden bald von verschiedenen Seiten Stimmen laut, welche die Herabsetzung für unzureichend hielten. Diese Ueberzeugung fand in Schlesien unzweideutigen Ausdruck, weil neben der allgemeinen Depression die Provinz immer noch besonders durch die Lage und Verkehrsverhältnisse im Nachteil ist. Unter eingehender sachlicher und ziffermäßiger Beweisführung legte der Schlesische Zweigverein des obigen Vereins der Königlichen Eisenbahn-Direktion Breslau die Notwendigkeit dar, daß erst die Frachtsätze des Spezialtarif III hinreichen würden, um die Benutzung des Bahnweges zu ermöglichen, und bat genannte Behörde für Detarifierung in dem Spezialtarif III einzutreten. Der Standpunkt deckte sich ungefähr mit demjenigen, welcher schon 1893 und 1895 in Berlin und Breslau vertreten war. Die Detarifierung in Spezialtarif III würde je nach steigenden Entfernungen wachsende Verbilligungen von rund 40—50 % bewirken.

Die gleiche Ueberzeugung ist während des folgenden Jahres auch in anderen Gegenden durchgedrungen. Der genannte Verein machte sie ein Jahr später zur seinigen.

Vom 4. Dezember 1896 bis zum 15. September 1897 ruhten die Eingaben weiter im Schoße der Eisenbahn-Behörden, bis an diesem Tage die Königliche Eisenbahn-Direktion Magdeburg sich im Auftrage des Ministers d. ö. A. mit derselben befaßte und ein Schreiben an den antragstellenden Verein richtete, in welchem um Auskunft über 6 Fragen zur Motivirung des Antrages ersucht wurde. Am 10. Dezember 1897 sandte der Verein die Antwort ab.

In der Zwischenzeit kam eine zweite Zuschrift am 10. September 1897 an den Verein. Die Aeltesten der Magdeburger Kaufmannschaft hatten die Königl. Eisenbahn-Direktion Magdeburg in ihrem Gutachten darauf hingewiesen, daß der ehemalige Verein für die Rübenzucker-Industrie, des Deutschen Reiches reorganisiert sei und die K. E. D. Magdeburg dadurch zu der Anfrage an den Verein veranlaßt, ob der in den Eingaben vom 5. Juli 1896 und 4. Dezember 1896 gestellte Antrag auch von dem neu organisierten „Verein der deutschen Zuckerindustrie“ aufrecht erhalten werde.

Früher bestanden neben dem „Verein der Rübenzucker-Industrie des Deutschen Reiches“ noch der „Verein der deutschen Zuckerraffinerien“ und der „Verein der Rohzuckerfabriken des Deutschen Reiches“. Beide standen zum ersten Verein in gemeinschaftlichen Geschäftsbeziehungen und waren in seinen Verwaltungsorganen vertreten. Nach der Neuordnung wurden die beiden letzten Vereine Abteilungen des neuen Gesamtvereins. Sie vertreten ihre Spezialinteressen selbständig, während dem Gesamtverein unter dem Namen: „Verein der deutschen Zuckerindustrie“[1]) die Wahrnehmung und Vertretung aller derjenigen

---

[1]) Ueber die warme Anerkennung der hohen Verdienste des Vereins um die deutsche Zuckerindustrie siehe „Schönberg's Handbuch der politischen Oekonomie“. (Abteilung „Zuckersteuer“.)

Angelegenheiten zusieht, welche die Interessen beider Abteilungen oder der gesamten deutschen Zuckerindustrie berühren. Als Untervereine der beiden Abteilungen bestehen noch 11 Zweigvereine in den hauptsächlichsten Gegenden der Rübenzucker-Industrie.

Zur Beantwortung der nachträglichen Frage mußte der Gesamtverein diesbezügliche Voten der neuen Abteilungen extrahieren, welche beide dahin ausliefen, daß der Antrag auf Bewilligung einer Frachtermäßigung für Zucker aller Art zur Ausfuhr aufrecht zu erhalten sei.

Die Abteilung der Rohzuckerfabriken forderte aber nun Detarifierung des Ausfuhrzuckers jeder Art in Spezialtarif III und die Abteilung der Raffinerien wollte diesen Antrag noch dahin erweitert wissen, daß den Raffinerien wegen der infolge einer Detarifierung zu erwartenden Verteurung des Rohzuckers eine ebenmäßige Frachtermäßigung auch für den von ihnen bezogenen Rohzucker, insofern er auf Export-Raffinade verarbeitet wird, zugestanden werde.

Zur Ausführung dieser Maßregel sei es erforderlich, daß jedes Mal nach Schluß der Kampagne einerseits die durchschnittliche Rohzuckerfracht jeder Raffinerie ermittelt und andererseits das Quantum der exportierten Raffinade festgestellt werde. Letzteres werde nach dem Satze 100 Raffinade = 110 Rohzucker in Rohzucker umgerechnet. Die nach Maßgabe der durchschnittlichen Rohzuckerfracht zu berechnende Frachtermäßigung solle den Raffinerien für das auf Export-Raffinade verarbeitete Rohzuckerquantum von der Eisenbahn-Verwaltung zurückvergütet werden.

Die Abteilung der Raffinerien teilte obiges Zusatzvotum nebst eingehender Begründung am 22. Januar 1898 an die Königl. Eisenbahn-Direktion Magdeburg mit. Diese brachte dann die Angelegenheit auf die Tagesordnung der 65. Sitzung der ständigen Tarifkommission am 6. und 7. Juni 1898 in Baden-Baden. Der Königl. General-Direktion der Sächsischen Staatseisenbahnen fiel die Berichterstattung, der Direktion der Pfälzischen Eisenbahnen die Mitberichterstattung von seiten der Eisenbahnen, Herrn Schröder die Berichterstattung von seiten des Ausschusses der Verkehrs-Interessenten zu.

Die erstgenannte Generaldirektion erbat sich für ihre Aufgabe am 26. April 1898 gleichfalls noch Informations-Material vom Verein der deutschen Zuckerindustrie.

Formulierung der Forderungen. Die praktische Ausführbarkeit der Zusatz-Forderung der Raffinerien gab zu Zweifeln Anlaß; denn die Raffinerien empfangen auch sehr erhebliche Mengen Rohzucker auf anderen Transportwegen als per Eisenbahn, und sie arbeiten nicht allein für die Ausfuhr. Welcher Rohzucker speziell nach Verarbeitung als Raffinade exportirt wird, könnte somit nur durch Einführung einer Identitäts-Kontrolle sicher festgestellt werden. Eine solche ist jedoch schlechterdings im Vergleich zum erhofften Vorteil und zur Vermeidung von Betriebserschwernissen unmöglich.

Der Ausführungsvorschlag der Abteilung der Raffinerien bot keine brauchbare Lösung. Die K. E. D. Magdeburg mußte sich deshalb selbst nach einer passenden Form für den Antrag bei der ständigen Tarifkommission umsehen.

Der Antrag wurde von ihr so gefaßt:

„Es wird versetzt in:

Spezialtarif III

Zucker (Rüben und Rohzucker) aller Art im Falle der Ausfuhr.

Außerdem wird für Rohzucker an Raffinerien der Unterschied zwischen der berechneten und der nach Spezialtarif III sich ergebenden Fracht nach dem Verhältnisse 1,1 fachen Gewichtes der von der Raffinerie in der Zeit vom 1. September eines Jahres bis zum 31. August des nächsten Jahres zur Ausfuhr gebrachten Menge Raffinade zu dem Gewichte der in derselben Zeit von ihr insgesamt verarbeiteten Menge Rohzucker an die Zuckerraffinerie auf deren Antrag erstattet.

Der Erstattungsantrag hat alle in dieser Zeit empfangenen Sendungen Rohzucker zu umfassen und ist von der Raffinerie spätestens einen Monat darauf unter Vorlegung der Originalfrachtbriefe über diese Sendungen, sowie der steueramtlichen Bescheinigungen über die in dem angegebenen Zeitabschnitte von der Raffinerie insgesamt verarbeiteten Gewichtsmengen Rohzucker und über die in der Zeit von ihr zur Ausfuhr gebrachten Gewichtsmengen Raffinade bei der Verwaltung der Empfangsbahn anzubringen."

Zur Erläuterung wurde folgendes Beispiel angeführt:

„Die Raffinerie N. hat in der Zeit vom 1. September 1898 bis 31. August 1899 insgesamt 5000 t Rohzucker verarbeitet und davon 1500 t (mit der Bahn oder zu Wasser) als Raffinade zur Ausfuhr gebracht. Für die (von den 5000 t) mit der Bahn bezogenen 1200 t Rohzucker stellt sich;

die berechnete Fracht auf	6000 Mk.
die Fracht nach Spezialtarif III	3900 „
und die Unterschiedsfracht auf	2100 Mk.

Somit würde sie eine Frachterstattung zu beanspruchen haben in Höhe von

$$\frac{2100 \text{ Mk.} \times (1500 \text{ t} \times 1{,}1)}{5000 \text{ t}} = 693 \text{ Mk.}$$

Die Schwierigkeit der Lösung war dadurch überwunden und mit dieser Formel ein Verfahren gefunden worden, welches wenigstens ausführbar ist und auch die Eisenbahn gegen Mißbrauch sichert. Allerdings ist die Vorschrift ohne das Beispiel kaum verständlich. Da aber die Anwendung nur durch die höheren Eisenbahn-Behörden erfolgt, wäre das nicht gerade bedenklich. Inhaltlich stimmt dieser Antrag nicht mehr mit dem überein, was die Raffinerien ursprünglich wollten. Es ist jedoch dieser Formulierung von den Interessenten kein wirklicher Widerspruch entgegengestellt.

Aus der Begründung des Antrages[1]). Die K. E. D. Magdeburg hatte ihrem Antrage eine sehr ausführliche und wohldisponierte Begründung beigegeben. Darin war auseinander gesetzt worden, daß die Beurteilung der Frage nach folgenden Gesichtspunkten erfolgen müsse:

A. Das Verhältnis der Zuckererzeugung zum Zuckerverbrauch im Deutschen Reiche und in den Nachbarländern.

Von dem in Deutschland erzeugten Zucker werde nicht viel mehr als ein Drittel im Inlande verbraucht und seien deshalb nahezu zwei Drittel auf den Absatz im Ausland angewiesen. Aehnlich lägen auch die Verhältnisse in den meisten zuckererzeugenden Nachbarländern.

In den nachbenannten Jahren seien an Zucker erzeugt und ausgeführt worden:

In	1894/95		1895/96		1896/97	
	erzeugt t	ausgeführt t	erzeugt t	ausgeführt t	erzeugt t	ausgeführt[2]) t
Deutschland	1 840 000	1 050 300	1 618 200	903 075	1 835 300	1 155 771
Oesterr.-Ung.	1 058 200	457 400	738 400	509 900	934 600	566 800
Frankreich	792 600	332 700	667 000	248 200	750 000	333 000
Belgien	209 000	107 748	182 247	141 870	233 037	158 967
Rußland	615 000	95 000	712 000	181 294	735 000	131 040

B. Der Wettbewerb anderer zuckererzeugender Länder, welchem der deutsche Zucker auf dem Weltmarkte begegnet.

Hauptsächlich Oesterreich-Ungarn und Frankreich, aber auch Belgien und Rußland, machten sich nach Ausweis obiger Tabelle infolge gesteigerter eigener Zuckererzeugung in stetig wachsendem Maße auf dem Weltmarkte geltend.

Dazu werden die für die Produktion günstigeren Verhältnisse in diesen Ländern beleuchtet.

[1]) Akten des Vereins der deutschen Zuckerindustrie und Protokoll der 65. Sitzung der ständigen Tarifkommission vom 6. und 7. Juni 1898 in Baden Baden.

[2]) Die Ausfuhrzahlen für Deutschland sind für 1895/96 und 1896/97 nach Mitteilungen der Königl. Eisenbahn-Direktion zu Magdeburg korrigiert worden. Bis 1896/97 war die Ausfuhr gestiegen. Nach der deutschen Reichsstatistik betrug sie in Rohzucker: 1896/97 = 12 375 214 dz., 1897/98 = 10 418 012 dz., 1898/99 = 10 102 877 dz. Vergl. dazu die früher gebrachten Tabellen über Produktion und Handel, S. 11.

C. Die Höhe der in Deutschland gesetzlich gewährten Zuckerexportprämien gegenüber denen in den konkurrierenden Ländern und insbesondere der Unterschied in der Art der Berechnung der Prämien.

Unter Hinweis auf die bereits gebrachten ausführlicheren Darstellungen über das Ausfuhrprämienwesen — s. Abschnitt III — soll aus der Begründung nur erwähnt werden, daß die verschiedene Art der Gewährung von Prämien als ganz besonders schwere Gefahr für die deutsche Zuckerrüben-Industrie bezeichnet worden ist.

D. Die besonderen Erschwerungen der deutschen Zuckerausfuhr durch Zollmaßregeln in den Importländern

sind gleichfalls schon im Abschnitt III behandelt.

E. Die durch die Momente unter A—D an den Hauptmärkten geschaffene Marktlage.

Unter Hinweis auf die schon gebrachten Darstellungen über die Zuckerpreise pp. auf Seite 33/34 ff. ist zu der dazu gegebenen Tabelle aus der Begründung nur hervorzuheben, daß diese einen absolut zuverlässigen Maßstab für das Verhältnis der Preisbemessung an den einzelnen Märkten nicht abgiebt, weil die Verkaufsbedingungen vielfach von einander abweichen. Wohl aber giebt sie einen Anhalt für die eingetretenen Preisschwankungen. Sie beweisen nämlich, daß, während in Hamburg der Preis für 88 % Rohzucker vom April bis Oktober 1897, also in 6 Monate, um ca. 9 Pfg. für 50 kg gefallen war, in New-York der Preis für 96 % Zentrifugals in der gleichen Zeit eine Steigerung von ca. 19/32 Cents für das Pfund oder von ca. 2,20 Mk. für 50 kg erfahren hatte, ferner, daß der Rückgang der Zuckerpreise vom April 1896 bis Oktober 1897:

in Hamburg 4,18 Mk. für 50 kg,
in New-York 10/24 Cts. für das Pfd. oder ca. 2 Mk. für 50 kg;

dagegen vom April bis Oktober 1896:

in Hamburg nur 3,68 Mk. für 50 kg,
in New-York aber 17/24 Cents für das Pfund oder ca. 5 Mk. für 50 kg

ausmachte, u. s. w.

F. Die in den Konkurrenzländern für die Zuckerausfuhr gewährten Frachtermäßigungen und sonstigen Begünstigungen.

Da die vorliegende Schrift hauptsächlich über die Eisenbahntarifierung handeln soll, wird es für geboten erachtet, der ausführlichen Darstellungen darüber in der Begründung vollständiger zu gedenken als Ergänzung zu den unter IV gebrachten Mitteilungen.

Hervorgehoben wurde darin schon, daß auf den deutschen Bahnen die auf dem Einheitssatze von 4,5 Pfg. für das tkm und

120 Pfg. für die Tonne Abfertigungsgebühren beruhenden Frachten für Zucker zur Ausfuhr seit einer langen Reihe von Jahren unverändert bestehen, und daß Ermäßigungen bislang nur ganz vereinzelt bewilligt wurden. Die österreichisch-ungarischen, die russischen und seit 1896 auch die französischen Bahnen haben dagegen die Frachtsätze fortgesetzt und ganz beträchtlich ermäßigt.

In Frankreich hat die französische Nordbahn, deren Verkehrsgebiet hauptsächlich in Frage kommt, mit der ausgesprochenen Absicht, den Absatz des französischen Zuckers im Auslande zu erleichtern, die Ausfuhrfrachtsätze im November 1896, als die neuen Ausfuhrprämien noch nicht bewilligt waren, beträchtlich herabgesetzt, um die Zuckerindustrie einstweilen schadlos zu halten. Als die neuen Prämien eingeführt waren, hat die Nordbahn die ermäßigten Frachtsätze trotzdem vom Oktober 1897 ab noch weiter verbilligt.

Auf der französischen Nordbahn bestanden seit dem Jahre 1897 folgende Ausnahmetarife für Zucker:

a. Barême D des Tarif spécial des ports de mer (Seehafen-Ausnahmetarif);
b. Barême G im Anhange zu diesem Tarife für Ausfuhrzucker nach europäischen Ländern für Wagenladungen von 20 t;
c. Barême H im Anhange zu diesem Tarife für Ausfuhrzucker nach außereuropäischen Ländern für Wagenladungen von 20 t.

Der Unterschied zu Ungunsten des deutschen Spezialtarifs I betrug:

für km	bei Barême G	bei Barême D und H
	Mark für die Tonne	
60	0,24	—
100	1,08	1,68
150	3,08	3,24
200	4,68	4,92
250	6,58	6,86
300	8,38	8,70

Weitere Entfernungen kommen nicht in Betracht, weil alle Zuckerversandstationen der französischen Nordbahn innerhalb einer Tarifentfernung vom 300 km bis zu den Seeplätzen liegen.

Auf den russischen Bahnen stellten sich die Frachtsätze für den Ausfuhrverkehr

a. für Raffinadenzucker,
b. für Sandzucker

nach dem Kurse von 2,16 Mk. für den Rubel umgerechnet für Ladungen von 10 t auf eine Entfernung von:

Entfernung	a Mark	b Mark	demgegenüber beträgt die Preuß. Staatsbahnfracht zu a und b Mark
100 Werst = 107 km	35,90	29,91	60,—
200 „ = 213 „	49,09	41,90	108,—
300 „ = 320 „	55,09	50,30	156,—
400 „ = 427 „	61,10	61,10	204,—
500 „ = 534 „	71,90	71,90	252,—
600 „ = 640 „	79,09	79,09	300,—
700 „ = 747 „	89,29	89,29	348,—
800 „ = 854 „	99,50	99,50	396,—
900 „ = 960 „	109,70	109,70	444,—
1000 „ = 1067 „	117,20	117,20	492,—
1500 „ = 1600 „	138,80	138,80	732,—

Es sind ferner ermäßigte Durchfuhrfrachtsätze für Zucker aller Art von den süd-westrussischen Zuckerversandstationen nach Laube (Elbumschlag) zur Einführung gekommen, welche nach Maßgabe der Tarifentfernungen Einheitssätze von 1,43—2,21 Pfg. für das tkm ohne Abfertigungsgebühr ergeben.

Auf den österreichischen Bahnen entsprechen die seit 1. Dezember 1896 (im Süd-Norddösterreichisch-Ungarischen Verbande für Zucker aller Art zum Seeexport nach Triest und Fiume eingeführten ermäßigten Frachtsätze im allgemeinen den um 10% ermäßigten Frachtsätzen ihrer Klasse C, welcher für Entfernungen

von 1—50 km	4,08 Pfg.	für das tkm nebst 68 Pfg. Abfertigungsgebühren für die t.
„ 51—150 „	2,55 „	
„ 151—300 „	1,87 „	
über 300 „	1,70 „	

zu Grunde liegen.

Eine ähnliche, für Entfernungen von 51—400 km nicht ganz so weitgehende Frachtermäßigung ist gleichzeitig für den Verkehr von ungarischen und galizischen Zuckerversandstationen nach Fiume eingetreten.

Bekannt sind auch die nach den Elbumschlaghäfen Aussig und Laube-Tetschen bestehenden, sehr niedrig bemessenen Zuckerfrachtsätze.

Zu den Tarifbegünstigungen für die ungarische Zuckerindustrie ist noch nachzutragen, daß nach einer Darstellung im „Pester Lloyd"[1]) vor einigen Monaten nach Ablauf der weitgehenden Begünstigungen, welche den neuen Zuckerfabriken im Vertragswege auf eine lange Reihe von Jahren gesichert waren und zum Teil auch den älteren Zuckerfabriken des Landes gewährt wurden, namentlich im Interesse der Landwirtschaft möglichst un-

---

[1]) Entnommen aus der Zeitung des Vereins Deutscher Eisenbahnverwaltungen Nr. 3 vom 10. Februar 1900.

verändert aufrecht erhalten wurden und zwar — provisorisch — bis Ende des Jahres 1900. Für raffinierten Zucker und Rohzucker bleiben die Tarife vollkommen unverändert.

Aus den thatsächlichen Verhältnissen folgerte die Begründung, daß die deutsche Zuckerindustrie derjenigen der übrigen zuckererzeugenden Länder gegenüber hinsichtlich der Möglichkeit des Absatzes nach dem Ausland in jeder Beziehung im Nachteil ist. Das sei in solchem Maße der Fall, daß ihre Stellung auf dem Weltmarkt ernstlich gefährdet erscheine, und die Besorgnis, ihre Erzeugnisse allmählich vom Wettbewerb ausgeschlossen zu sehen, sich als nur zu berechtigt aufdränge. Die deutschen Eisenbahnen würden sich der Notwendigkeit nicht verschließen können, dem Beispiele der Bahnen in Frankreich, Rußland und Oesterreich-Ungarn folgend, durch möglichst weitgehende Verbilligung der Frachtsätze für Zucker aller Art zur Ausfuhr die Industrie im eigenen Lande nach Kräften zu fördern.

In diesem Sinne hätten sich auch die meisten der befragten landwirtschaftlichen und Handels-Körperschaften ausgesprochen.

Gegen die Detarifierung des Artikels Zucker im Gebiete der Preußischen Staatsbahn hatten sich nur die Handels-Körperschaften in Halberstadt, Halle, Magdeburg, Dessau und in Frankfurt a. O. geäußert.

Den Zusatz in dem formulierten Antrage begründete die K. E. D. Magdeburg, wie folgt:

Es könne nicht geleugnet werden, daß die Tarifermäßigung eine Verbilligung des Rohzuckers im Auslande bedinge, während demselben im Inlande eine Ermäßigung nicht zu Teil werde. Es sei im Gegenteil zu befürchten, daß dadurch die Ausfuhr des Rohmaterials begünstigt und das von den inländischen Raffinerien benötigte Material verteuert werde.

Die inländischen Raffinerien würden, falls dem Zusatzantrage nicht stattgegeben werde, in zweifacher Weise benachteiligt,

1. durch die Differenz der Fracht, welche sie für ihr Rohmaterial zu zahlen hätten gegenüber der für das Exportmaterial zu zahlenden niederen Fracht,
2. durch die infolge der Knappheit des Materials eintretende Preissteigerung desselben.

2. Die über die Detarifierungsfrage von wirtschaftlichen Körperschaften in den einzelnen Teilen Deutschlands erstatteten Gutachten.

An der Spitze der Interessenten stehen die rübenbauenden Landwirte. Sie werden unterstützt durch den größten Teil der deutschen Landwirte überhaupt.

Die rübenbauenden Landwirte sind im überwiegenden Maße zugleich Besitzer der Rohzuckerfabriken Deutschlands, so daß sie gleichzeitig und in gleichem Maße die Interessen der Landwirtschaft und die der Rohzuckerfabrikation zu vertreten haben. Von ihnen ist vorweg festzustellen, daß sie einstimmig in ganz Deutschland für den Antrag eintreten und diese Stellungnahme besonders zu dem ersten Teile des Antrages (Versetzung des Ausfuhrzuckers in Spezialtarif III) wiederholt im deutschen Landwirtschaftsrat einmütig zum Beschluß erhoben haben. Die landwirtschaftlichen Einzelvertretungen haben sich dem nicht nur rückhaltlos angeschlossen, sondern zum großen Teile ihrer Anschauung noch durch besondere Eingaben und Beschlüsse Nachdruck verliehen. Zu ihnen gehören auch diejenigen von Mitteldeutschland und Bayern. Die Landwirte begründen ihre Stellungnahme allgemein damit, daß sie von der Detarifierung eine Preissteigerung des Rohzuckers und in deren Folge bessere Rübenpreise erhoffen. Hiernach erübrigt es sich unter den nachfolgenden Aeußerungen der Interessenten die Voten der landw. Körperschaften nochmals mit aufzuführen.

Der „Verein der deutschen Zuckerindustrie", welcher von allen 457 Betrieben der deutschen Zuckerindustrie 441 umfaßt, kann als vollberechtigter Vertreter der gesamten deutschen Zuckerindustrie angesehen werden. Er hatte den Antrag in einer Sitzung des hierzu bestellt gewesenen Ausschusses mit 20 gegen 8 Stimmen beschlossen. Die gegnerischen Stimmen sind fast ausschließlich von Raffinadeuren abgegeben. Die Abteilung der Raffinerien hatte den Antrag zwar mit Majorität, aber immerhin gegen eine nicht unerhebliche Minderheit gebilligt. Die Forderungen wurden mit dem Hinweis auf die allgemeine Notlage der Zuckerindustrie und die infolge der Frachtermäßigung zu erwartende Preiserhöhung des Rohzuckers für die Rohzuckerfabriken begründet.

In einer Rückäußerung vom 26. April 1898 an die Generaldirektion der Sächsischen Staatsbahn wurde deren bezügliche Anfrage dahin beantwortet, daß es zweifelhaft sei, ob der gesamte Verein auch dann für den Antrag der Versetzung von Zucker zur Ausfuhr in Spezialtarif III stimmen würde, wenn die gleichzeitig für die Rohzucker-Transporte nach den Raffinerien geforderte Frachtermäßigung nicht bewilligt werden sollte. Da aber die Rohzuckerfabriken im Ausschuß des Vereins der deutschen Zuckerindustrie, das ist des Gesamtvereins, eine erhebliche Majorität besitzen, sei wohl anzunehmen, daß, wenn es feststände, die deutschen Bahnen bewilligten den erweiterten Antrag nicht, der Gesamtverein darauf zurückkommen würde, die Versetzung von Zucker zum Export in Spezialtarif III auch ohne Zusatz zu beantragen. Den Rohzuckerfabriken liege, wie aus dem erweiterten Antrage hervorgehe, zunächst entschieden daran, daß der in Uebereinstimmung mit der Abteilung der Raffinerien gestellte Gesamtantrag bewilligt werde.

Von den Lokalinteressenten in den einzelnen Gebieten des Deutschen Reiches hatten:

a) die in Ostdeutschland (101 Zuckerfabriken und 5 Raffinerien) nach dem Vorgehen in Schlesien und Posen die Agitation für die Anträge aufgenommen und weiterhin kräftigst unterstützt. Die Handelskammern in Thorn und Bromberg sprachen sich noch besonders für die beabsichtigte Frachtermäßigung aus. Die Aeltesten der Kaufmannschaft in Danzig haben den früher gegen die beantragten Staffeltarife gerichteten Widerspruch nicht wiederholt. Mit dem Antrage allgemeiner Detarifierung hatte er seine Berechtigung verloren.

Eine Gegnerschaft hat sich also nicht gezeigt.

b) In Mitteldeutschland (245 Fabriken und 26 Raffinerien) traten auch die Handelskammern in Braunschweig, Hannover, Hildesheim, Lüneburg, Leipzig, Zittau und die Vereinigte Kaufmannschaft in Altenburg voll und ganz für den Antrag ein. Die Handelskammer in Chemnitz, im Prinzip für Frachtverbilligung, glaubte unter Hinweis auf die günstige Rentabilität der Zuckerfabriken im Königreich Sachsen, daß die beantragte Detarifierung in Spezialtarif III wohl das Maß des Bedürfnisses überschreite. Die Handelskammer in Dresden fand, daß die sächsische Zuckerindustrie an der Sache kein Interesse habe, beantragte aber doch schließlich Ablehnung. Daß sie sich im direkten Widerspruch mit den sächsischen Zuckerfabriken, für deren Interessen sie eintreten will, befindet, ergiebt sich daraus, daß der Landes-Kulturrat im Königreiche Sachsen auf Grund der übereinstimmenden Gutachten sämtlicher Zuckerfabriken des Landes für die Detarifierung eingetreten ist.

Den entschiedensten Widerspruch setzten die Aeltesten der Kaufmannschaft in Magdeburg und die Handelskammern in Halle, Halberstadt, Nordhausen, Dessau — anfangs für, später gegen — und Frankfurt a. O. dem Antrage entgegen. Der mitteldeutsche Zweigverein für Rübenzucker-Industrie in Halle hat sich dagegen ausdrücklich mit einem besonderen Vereinsbeschluß für den Antrag ausgesprochen.

c) In Norddeutschland mit 27 Zuckerfabriken und 7 Raffinerien macht die Nähe der Ausfuhrhäfen eine Frachtermäßigung für Ausfuhrzucker wenig dringlich. Die Direktion der pommerschen Provinzial-Zuckersiederei in Stettin hat sich aus Lokalinteresse gegen Frachtermäßigung für Exportzucker erklärt, die Zuckerfabriken nicht.

d) In Westdeutschland mit 25 Zuckerfabriken und 10 Raffinerien hat die Handelskammer zu Crefeld den Antrag im Interesse der Rohzuckerfabriken und der Raffinerien abgelehnt. Der Zweigverein der deutschen Rübenzuckerfabrikanten im Rheinland dagegen ist ausdrücklich dafür eingetreten, aber mit dem Hinweis, daß Frachtermäßigungen für den Inlandsverkehr nicht eingeführt werden dürften.

e) In Süddeutschland mit nur 7 Rohzuckerfabriken gegen 4 Raffinerien war eine Raffinerie ausdrücklich mit dem Antrag einverstanden, zwei erhoben keinen Widerspruch in der Hoffnung, daß „damit der Einführung der für die württembergische Zuckerindustrie noch weit schädlicheren Einrichtung von Staffeltarifen vorgebeugt“ werde. Zwei Rohzucker-Fabriken und die Handelskammern in Augsburg, Bayreuth, Nürnberg, Passau, sowie ganz besonders die Handels- und Gewerbekammern von Oberbayern und von München sind als Gegner auf den Plan getreten.

Ergebnis. Es zeigen diese Darlegungen das interessante Ergebnis, daß sich in Deutschland außer den Landwirten die Rohzuckerfabrikanten und die Mehrheit der Raffineure für den Antrag aussprechen, ein kleinerer Teil der Raffineure im Gegensatz zum Votum der Abteilung der Raffinerien in Berlin gegen den Antrag agitiert und, womit hauptsächlich zu rechnen ist, von den Handelsvertretungen nur mitteldeutsche und bayerische den Antrag entschieden bekämpfen.

Die gegen die Detarifierung vorgebrachten Gründe sollen nachfolgend mit einigen kritischen Bemerkungen aufgeführt und besprochen werden:

a) Die Handels- und Gewerbekammer in Dresden forderte im Schlußsatze ihres Gutachtens, daß im Falle der Annahme die Frachtermäßigungen nicht nur nach den Ausfuhr-, sondern auch nach den binnenländischen Umschlagsplätzen zu gewähren seien.

Dem würde durch Detarifierung von vornherein entsprochen.

b) Die Befürchtung, daß die Ver. Staaten von Nordamerika die Detarifierung als versteckte Prämie ansehen und im Kompensationszolle anrechnen könnten.

Es mag nicht ausgeschlossen sein, daß den Yankees bei ihrer Neigung zu Chikanen gegen Deutschland, so etwas zuzutrauen wäre. Indessen, sie haben die Frachtermäßigungen auf den Eisenbahnen der übrigen europäischen Zuckerexportstaaten nicht als versteckte Prämien angesehen, darum würde einer solchen Ausnahme bei Deutschland wohl mit Erfolg widersprochen werden. Am wichtigsten bleibt jedoch dabei der Umstand, daß sich die Höhe solcher Vergünstigung auch nicht annähernd feststellen ließe.

Wollte man diesem Einwande ausschlaggebende Bedeutung beimessen, so würde damit überhaupt jede Maßnahme zur Förderung der deutschen Zucker-Industrie als unmöglich hingestellt. Das wäre deren Preisgabe aus politischer Schwäche.

c) Der Einwand der Handelskammer in Halberstadt, daß der größere Teil der ihr von den befragten Zuckerfabriken und Raffinerien gewordenen Anworten gegen die Detarifierung spreche.

Der Handelskammerbezirk Halberstadt umfaßt zwar nur einen kleineren, aber sehr wichtigen Teil der mitteldeutschen Zucker-Industrie. Es ist daher bedauerlich, daß gerade die Stellung der dortigen Zucker-Industriellen nur so allgemein behandelt ist.

Es wäre doch zur richtigen Beurteilung wünschenswert, wenn das Gutachten näher angegeben hätte, ob die Zahl der eingegangenen Antworten die Mehrheit der Zucker-Industriellen überhaupt darstellt, und wie sie sich auf Rohzuckerfabrikanten und Raffineure verteilen. Auffallend ist demgegenüber, daß die benachbarten Handelskammern in Halle und Magdeburg sich nicht auf eine derartige Zustimmung der beteiligten Industriellen für ihre Gegnerschaft berufen. Die letzteren haben ihre Zustimmung zu dem Antrage in Verein der deutschen Zucker-Industrie zum Ausdruck gebracht, und der mitteldeutsche Zweigverein der Rübenzucker-Industrie hat sich noch in einem besonderen Votum einstimmig zu Gunsten des Antrages erklärt.

d) Die Gegnerschaft in Süddeutschland. In Süddeutschland giebt es keine Zuckerfabriken, welche Zucker zur Ausfuhr bringen. Sie liefern an die dortigen 4 Raffinerien. Diese beziehen dazu ihren Mehrbedarf mit $^2/_3$ der verarbeiteten Mengen aus mitteldeutschen Rohzuckerfabriken. Von dem erzeugten Konsumzucker bleibt der überwiegendste Teil im Inlande und nur ein geringes Quantum wird exportiert, und zwar nach der Schweiz. Dafür kommen nur kleine Entfernungen in Betracht, und bestehen schon Ausnahmetarifsätze auf den Eisenbahnen. Was beantragt wird, hat die süddeutsche Industrie im Wesentlichen schon. Die Wirkung einer Detarifierung gemäß den Antragsforderungen wird für sie weniger günstig ausfallen.

Naturgemäß wird jede allgemeine Frachtverbilligung der süddeutschen Industrie Konkurrenz bringen können.

Insoweit die Detarifierung zu einer Erhöhung der Rohzuckerpreise führen würde, sehen die süddeutschen Raffinerien einer Verteuerung ihres Produktionsmaterials entgegen, für welche sie keinen Ersatz finden; denn die billigeren Frachten sowohl für Ausfuhrzucker wie für Rohzucker, welcher zwecks Verarbeitung zu Ausfuhrzucker an Raffinerien geht, kommen ihrem Hauptabsatz für Inlandskonsum nicht zugute. Die Raffinerien Stuttgart und Frankenthal sind außerdem mit Rohzuckerfabriken vereinigt, so daß die Vergünstigung nach dem Zusatzantrage für den so erhaltenen Rohzucker ganz entfallen muß.

Der Widerstand der süddeutschen Zucker-Industrie und besonders Raffinerien entspringt eigenartigen Verhältnissen und eventuellen lokalen Nachteilen. Ihm läßt sich am wenigsten eine gewisse Berechtigung absprechen. Das Maß der Befürchtungen erscheint aber sicher übertrieben und von einem Ruin der süddeutschen Industrie kann jedenfalls nicht gesprochen werden. Demgemäß haben sich auch einige süddeutsche Zucker-Interessenten für den Antrag ausgesprochen. Es ist ernstlich kaum anzunehmen, daß der im Welthandel geringfügige Umstand einer Detarifierung des Ausfuhrzuckers auf deutschen Eisenbahnen erheblichen Einfluß auf die Rohzuckerpreise im Welthandel gewinnt. Die erhoffte

Preissteigerung durfte man sich vielmehr dahin vorzustellen haben, daß den Rohzuckerfabriken infolge Verminderung der Zufuhrkosten zum Handelsplatz oder zur Raffinerie größere Anteile vom Erlös verbleiben. Hierdurch sollen sie in der Lage sein, die Rübenpreise zu heben. Unter Berücksichtigung dessen ist es keine Härte, wenn das, was für 446 norddeutsche Betriebe als nötig erkannt wird, durch eventuelle geringfügige Nachteile für die 11 süddeutschen Betriebe nicht aufgehalten werden soll.

Wie der Vertreter der Pfälzischen Eisenbahnen als Mitberichterstatter in der ständigen Tarifkommission erklärte, würde eine allgemeine Detarifierung von Rohzucker in Süddeutschland Zustimmung finden. Dasselbe ist bei den Mitteldeutschen Handelskammern Halle, Magdeburg, Nordhausen, Dessau, das strikte Gegenteil bei denjenigen in Halberstadt und dem Zweigverein der deutschen Rübenzuckerfabrikanten im Rheinland der Fall.

Gefürchtet ist in Süddeutschland die Erstellung von Ausnahmetarifen, besonders solchen mit gestaffelten Einheitssätzen, wie sie von schlesischen und posenschen Interessenten 1895 gefordert wurden. Auch darin herrscht Uebereinstimmung mit den Mitteldeutschen Handelskorporationen, ausgenommen Handelskammer Dresden, welche wieder Ausnahmetarifen den Vorzug geben will.

e) Die mitteldeutschen Handels-Korporationen geben eine große Besorgnis vor der Konkurrenz des Ostens zu erkennen.

In der gemeinsamen Petition der Handelskammern zu Halle, Magdeburg und Nordhausen — später hat sich auch Dessau angeschlossen — werden die Anträge als ungerechte Bevorzugung der weiter im Inlande gelegenen, später als die mitteldeutschen entstandenen Fabriken bezeichnet. Deren Errichtung sei unter Berücksichtigung der zu zahlenden höheren Frachten geschehen in der richtigen Erkenntnis, daß dieser Nachteil durch die Vorteile des billigeren Grund und Bodens und der niedrigeren Arbeitslöhne mehr als ausgeglichen werde. Die mitteldeutsche Zuckerindustrie bilde nicht nur den ältesten Bestandteil, sondern auch den bei weitem wichtigsten Faktor der deutschen Zuckerindustrie. Die deutschen Raffinerien würden nach Einführung der Anträge ihrerseits auf billigeren Einkauf sinnen und hierzu durch den Bezug aus dem Osten Deutschlands Gelegenheit finden. Den mitteldeutschen Rohzuckerfabriken drohe somit künftig die scharfe Konkurrenz der ferngelegenen durch die Detarifierung einseitig begünstigten Fabriken. Das treffe sie nun um so schwerer, als bisher der in der Provinz Sachsen erzeugte Rohzucker fast ausschließlich in den großen Raffinerien dieser Provinz zur Verarbeitung gelangte.

Die mitteldeutschen Zuckerindustriellen und Raffineure mußten — hieraus zu schließen — ihre außerordentlich bevorzugte Lage an den besten Wasserstraßen Deutschlands als ein Monopol ansehen, das ihnen staatlich als unantastbar garantiert werden solle. Sie haben sich infolgedessen die Abweisung von schlesischer Seite, daß sie bei ihrer tarifarisch ungemein bevorzugten Lage eine geringfügige Schädigung zum Vorteil für die Allgemeinheit wohl ertragen könnten, gefallen lassen müssen.

Obige ablehnende Haltung im Namen aller Zuckerfabriken und Raffinerien des mitteldeutschen Gebietes hat aber die Billigung des Zweigvereins der mitteldeutschen Rübenzucker-Industrie in Halle nicht gefunden. Die Handelskammern stimmen also im vorliegenden Falle nicht mit den Interessenten, welche sie vertreten wollen, überein.

f) Ein solches Eindringen deutscher Konkurrenzen wird gleicherweise auch in anderen Gebieten Deutschlands geltend gemacht. So fürchten z. B. die Interessenten in Rheinland und Westfalen ebenso wie in Süddeutschland wieder den Wettbewerb des bevorzugten Mitteldeutschlands. Wenn man zu diesen Aeußerungen noch die Ansichten Ostdeutschlands betrachtet, so begegnet man in ganz Deutschland dem übereinstimmenden Glauben, daß Mitteldeutschland und speziell die Provinz Sachsen hinsichtlich der Zucker-Industrie entschieden am günstigsten dastehe.

g) Die Besorgnis vor einer Verschiebung der Absatzgebiete.

Die mitteldeutschen Handelskorporationen meinen bei dem geringen Nutzen, mit dem sich gegenwärtig die deutsche Zuckerindustrie begnügen müsse, falle jede Aenderung der Frachtsätze sehr ins Gewicht. Die Handelskammer Halberstadt hebt hervor, daß für die Zuckerindustrie nach deren eigener Angabe bei der Größe ihrer Produktion bereits der Bruchteil eines Pfennigs bestimmend in die Wagschale falle. Die Frachtvorteile im Umschlagsverkehr Mitteldeutschlands würden bei Genehmigung des Antrages durchschnittlich etwa zwischen $4^1/_2$ und 5 Pfg. für den dz betragen. Im direkten Bahnverkehr kommen die Verbilligungen auf 50 Pfg. und mehr für den dz. Derartige Frachtermäßigungen müßten, wenn sie auf Ausfuhrzucker beschränkt bleiben, eine völlige Verschiebung in den Produktionsverhältnissen der Rohzuckerfabriken und der Raffinerien zur Folge haben.

Diese Darlegungen können nicht als stichhaltig angesehen werden. Von jeder Aenderung in den Frachtsätzen haben die einen Interessenten mehr, die anderen weniger Vorteil. Es ist wohl noch keine Tarifänderung eingeführt worden, bei der dieser Einwand nicht erhoben wäre. Derselbe hat sich hinterher meist als nichtig oder bedeutungslos erwiesen.

Unmöglich und unberechtigt ist es, jedem Produzenten ein Absatzgebiet monopolistisch sichern zu lassen. Daß die Zuckerindustrie in manchen Gegenden später entstanden ist, als in Mitteldeutschland, bietet keinen Grund für Bestreitung ihrer Existenzberechtigung. Der Staat als Vertreter der gemeinsamen Interessen kann ihr deshalb seine Fürsorge in keinem geringeren Maße angedeihen lassen.

Die ausgesprochenen Befürchtungen der Handelskorporationen finden in der Industrie und Landwirtschaft Mitteldeutschlands nur geringe Anerkennung. Dies geht aus dem Votum des Zweigvereins der mitteldeutschen Rübenzucker-Industrie und der Eingabe der Landwirtschafts-Kammer Halle an die Minister für Landwirtschaft und der öffentlichen Arbeiten vom 26. Oktober 1898 hervor. In der letzteren ist über die zu befürchtenden Absatzverschiebungen und die Konkurrenz des Ostens etwa Folgendes ausgeführt:

In der Einwendung, daß von der beabsichtigten Frachtermäßigung hauptsächlich der Osten, die Provinzen Westpreußen und Posen, Nutzen ziehen würden, weil die östlichen Gebiete in höherem Grade auf die Benutzung der Eisenbahnen angewiesen seien, als der Westen, dem billige Wasserwege zur Verfügung stehen, sei zutreffend nur, daß nach den östlichen Ausfuhrhäfen eine größere Menge Zucker per Bahn gelange, als nach den westlichen.

Im Jahre 1896 hatten die östlichen Häfen (in Ost-, Westpreußen, Pommern) per Bahn:

201 899 t Rohzucker und
55 904 t Raffinade,

die westlichen Häfen (Elbe, Weser, Ems, Rhein) dagegen:

31 969 t Rohzucker und
17 685 t Raffinade

empfangen.

In der Erwägung, daß die Erzeugung von Rohzucker in den Gebieten östlich der Elbe nur 700000 t, die in den Gebieten westlich der Elbe aber mehr als 1100000 t im Jahre 1896 betrug, scheine es zunächst zutreffend, daß relativ der Osten von der Tarifermäßigung mehr Vorteil zöge. Diese Auffassung bedürfe jedoch einer Berichtigung. Wenn auch nicht direkt bei der Verfrachtung nach den Seehäfen, so doch indirekt beim Transport nach den Versandhäfen der Wasserstraßen würde jene Frachtermäßigung in gleichem Maße auch für den Westen von Nutzen sein und insbesondere dann, wenn auch für Raffinade im Rückvergütungswege die Frachtermäßigung zur Anwendung gelange.

Die von den Handels-Korporationen in diesem Punkte geäußerten Bedenken — Beweise sind nicht erbracht — haben mehrfach die Auslegnng erfahren, daß mit den Absatzverschiebungen eigentlich wohl Zwischenhandelsverschiebungen gemeint sein sollten. Aus der geographischen Lage der Korporationsbezirke und dem in ihnen situierten lebhaften Zuckerhandel läßt sich das natürlich rechtfertigen. Es sind auch Zwischenhandelsverschiebungen gewiß nicht bedeutungslos weder für die Volkswirtschaft im Allgemeinen noch für die betroffenen Betriebszweige. Aber das Interesse daran liegt in der Regel an anderer Stelle wie bei den Absatzverschiebungen. Damit findet die Nichtübereinstimmung hinsichtlich dieses vorliegenden Falles und das lebhaftere Interesse des Handelsstandes hinreichende Erklärung. Es scheinen aber doch die Vertreter des letzteren zu schwarz zu sehen. Der Weltmarktpreis für Rohzucker würde durch die erstrebte Frachtermäßigung allein wohl nicht beeinflußt werden; denn auf denselben wirken noch eine ganze Reihe anderer weit schwerwiegenderer Momente ein. Daß natürlich durch diese Transportpreisänderungen kleinere Vorschiebungen im Absatz und Handel entstehen können, ist nicht zu leugnen. Indessen solche finden ja auch ohne das fortgesetzt statt, da die Verhältnisse überall im Flusse bleiben müssen.

h. Die Schädigung der Elbschifffahrt, welche mit dem Gedeihen der an der Elbe angesiedelten Zuckerindustrie innig verbunden ist.

Ueber diese Frage liegen eingehende Gutachten der Handels- und Gewerbe-Kammer in Dresden und der Handels-Kammer in Halberstadt vor.

Die erstere spricht eingangs ihrer Erörterungen die schon in Hinsicht auf die Entstehung und Betreibung des Antrages unhaltbare Vermutung aus, „daß die vorgeschlagene Maßregel nach ihrem Eindruck von der Sache keineswegs dem Schutze einer bedrohten Industrie, vielmehr dem Wettbewerb der Eisenbahnen gegen die Wasserstraßen dienen solle." Dem entgegen weist sie in einer besonderen Anlage eingehend in vorzüglich sachlicher und klarer Weise nach, daß die Zucker-Industrie des Königreichs und und des allergrößten und wichtigsten Teiles der Provinz Sachsen von der Maßnahme nur den Vorteil der billigeren Tarifierung bis zur Umschlagstation haben könne, daß ein Uebergang der bisherigen Verfrachtung im Umschlagsverkehr auf den reinen Eisenbahnverkehr bis auf einige nördliche Distrikte in Braunschweig und Hannover ausgeschlossen bleibe. Sie folgert daraus weiter einmal, daß der Tarif, wie man zu sagen pflege, auf dem Papier stehen, aber weder der Zucker-Industrie noch der Eisenbahn einen nennenswerten Nutzen bringen werde, zum anderen, daß er der Schifffahrt Schaden zufügen würde.

Wie das möglich sein soll, ist nicht recht verständlich.

Die Handelskammer Halberstadt behauptet, die Detarifierung werde die Binnenschifffahrt nicht fördern, sondern direkt die Elbschifffahrt im höchsten Grade und dauernd schädigen. Die Lage der Elbschifffahrt sei seit Jahren eine gedrückte, ihre Frachtentarife seien im Ganzen auf ungesund niedrige Sätze herabgesunken. Es verbiete sich deshalb bei Vergleichungen die gegenwärtigen niedrigen Frachtsätze der Elbschifffahrt zu Grunde zu legen. Daß aber selbst bei diesen sich der direkte Bahnbezug nach der Detarifierung billiger stelle als der Weg unter Benutzung des Elbumschlages zeige eine ziffermäßige Gegenüberstellung der bisherigen Transportkosten (Bahnfrachten nach Spezialtarif I + den Schiffsfrachten) mit den

Bahnfrachten des Spezialtarif III. Beispielsweise bildeten für den im Kammerbezirk gelegenen bedeutenden Umschlagsplatz Schönebeck die Zuckerfrachten nach Tangermünde an die dortige Raffinerie ein Hauptgeschäft. Von 31 Hauptplätzen, welche in dieser Hinsicht für Schönebeck bislang vorzugsweise in Betracht kämen, werde sich nach der Detarifierung für 24 Plätze der direkte Bahnbezug nach Tangermünde um 1—5 Pfg., meist 2—3 Pfg. pro 100 kg billiger stellen, für 5 Plätze mit dem Schiffsbezug decken und nur für 2 Plätze die Schifffahrt niedriger bleiben. Dabei seien Fracht und Spesen ab Waggon Bahnhof Schönebeck bis Tangermünde 20 Pfg. pro 100 kg gerechnet, wovon 6 Pfg. auf Ueberfuhr und Arbeitslohn, 3,6 Pfg. auf Flußassekuranz und 10,4 Pfg. auf Fracht entfielen. Letztere sei damit außerordentlich niedrig berechnet, dieselbe könne bis 20 Pfg. steigen. Das gleiche für die Schifffahrt traurige Resultat ergebe eine Berechnung der Frachtverhältnisse von Magdeburg nach Hamburg. Auch hier stelle sich bereits bei der niedrigen Durchschnittsfracht von 40 Pfg. pro 100 kg von den nach Magdeburg gravitierenden Plätzen für 36 der bedeutendsten Fabriken — d. h. 50 % — der direkte Bahnbezug nach Spezialtarif III billiger. Die reinen Elbfrachten könnten aber sogar bis 50 Pfg. pro 100 kg steigen. In einer Zeit, wo regierungsseitig lebhafter Anteil am Bau künstlicher Wasserstraßen bethätigt werde, und allgemein die Bedeutung leistungsfähiger Kanäle für den Wasserverkehr anerkannt werde, erscheine es wenig angebracht, einem natürlichen Wasserweg wie der Elbe, die ihm naturgemäß zufallenden Güter künstlich zu nehmen.

Diese Ausführungen schmeicheln sich beim flüchtigen Lesen recht glatt ein. Sie bedürfen aber doch einer genauen Prüfung. Dazu wird sich vorzüglich an verschiedenen Stellen eine Gegenüberstellung der Ausführungen der oben bereits genannten Handels- und Gewerbe-Kammer Dresden eignen. Dieser Behörde wird mindestens gleiches Sachverständnis nicht abgesprochen werden können. Zuvor mögen einige Bemerkungen folgen:

Die Berechnungen der Handelskammer Halberstadt liegen leider nicht vor, so daß eine Nachprüfung der einzelnen Posten nicht möglich ist. Die in Obigem angegebene Vergleichungsart Bahnfrachten nach Spezialtarif I + Schiffsfrachten gegenüber direkten Bahnfrachten nach Spezialtarif III ist zweifellos unrichtig, weil die Detarifierung des Ausfuhrzuckers auch nach den Umschlagsplätzen gilt. Dadurch vermindern sich auch die Eisenbahnfrachten im Umschlagsverkehr. Der Vergleichungsmodus mußte sein: direkte Bahnfracht nach Spezialtarif III gegenüber Bahnfracht bis Umschlagsstation nach Spezialtarif III + Schiffsfracht.

Die Elbfrachten nach dem jetzigen Stande durften bei Vergleichung nach Ansicht der Kammer eigentlich nicht herangezogen werden. Aber es sei trotzdem geschehen und dennoch das angegebene Resultat herausgekommen. Wenn man demgemäß die

zu Grunde gelegten reinen Schiffs-Frachtanteile von 10,4 Pfg. pro 100 **kg Schönebeck-Tangermünde** und 30,4 Pfg. (40—9,6 Pfg.) als die minimalsten ansehen soll, so differiert dies doch mit anderen sachverständigen Angaben außerordentlich. **Die Kammer** Dresden giebt als reine Elbfrachten pro 100 kg in **Pfennig an:**

„Magdeburg—Hamburg 6½—8 Pfg., gegen **Winter und** bei kleinem Wasser 15—25 Pfg.

Riesa/Dresden — Hamburg 14—15 Pfg., gegen Winter und bei kleinem Wasser 20—40 Pfg.

Bodenbach/Tetschen — Hamburg 18—20 Pfg., gegen Winter und bei kleinem Wasser 30 45 Pfg.

Die niedrigen Sätze gelten in der Regel vom Frühjahr bis über Spätherbst, nicht zu kleines Wasser vorausgesetzt; die höheren Sätze bei kleinem Wasser und gegen Schluß der Schifffahrt im Winter.“

Gegenüber diesen letzteren Angaben hat die „Kette, deutsche Elbschifffahrts-Gesellschaft in Dresden“ die normale Wasserfracht Riesa—Hamburg nur auf 13 Pfg. pro 100 kg, und allerdings Umschlags- und Versicherungskosten auf rund 14 Pfg. beziffert.

Hiernach erscheinen die von der Kammer Halberstadt eingesetzten Elbfrachten noch nicht zu den minimalen zu gehören.

Für die Vergleichung der Transportwege auf ihre Billigkeit sind ferner auch nicht die absoluten Frachtziffern allein maßgebend, vielmehr sprechen dabei noch andere Momente erheblich mit.

Zunächst können diese strikten Vergleichungen doch nur für Ausfuhrzucker gelten. Wenn es sich um direkte Ausfuhr handelt, sind sie zweifellos anwendbar. Wo es sich um Rohzuckertransporte zur Raffinerie handelt, wie in dem Beispiel nach Tangermünde, ist noch gar nicht bekannt, ob die Raffinade s. Z. ausgeführt wird. Es kommt also nach wie vor zunächst Spezial-Tarif I zur Frachtberechnung im direkten Eisenbahnverkehr wie im Umschlagsverkehr. Eine Frachtermäßigung soll erst nach Ablauf des Jahres im Rückerstattungswege eintreten, und zwar soweit der betr. Zucker auch exportiert ist. Würden die Rohzuckerfabriken den direkten Eisenbahnweg trotz der zunächst höheren Frachtkosten wählen, so müßten sie die Differenzfracht erst einmal — eventl. bis zu 1¼ Jahr, durchschnittlich 7½ Monate — zinslos vorschießen. Hierdurch erleiden sie in dem günstigsten Falle, daß die Bedingungen für den Frachtrabatt später eintreten, schon einen Zinsverlust. In allen anderen Fällen d. h. für den nicht exportierten Teil würden sie auf ihre gewagte Spekulation hin die Mehrfracht weggeworfen haben. Ob die Gewinne abzüglich der Zinsverluste diese letzteren Mehrfrachten ausgleichen oder übersteigen würden, ist im Voraus ganz unberechenbar. Werden die Rabattbedingungen später erfüllt, so tritt ja für die eisenbahnseitige Beförderung bis zum Umschlagsplatze auch die Rückerstattung ein. Dieser Umstand steht noch auf Seite der Schifffahrt. Dieser Gewinn ist den Verfrachtern sicher. Er beträgt im Elbgebiet etwa 1—20 Pfg. pro 100 kg je nach der Entfernung bis zum Umschlagsplatz. Hinzu kommt ferner, was allerdings der Kammer Halberstadt vielleicht zur Zeit ihrer Aeußerung noch nicht bekannt gewesen sein mag, daß nach dem Beispiel des Magdeburger Zusatzantrages die Rückerstattung auch nicht ganz gleich den wirklichen Differenzen zwischen Spezial-Tarif I und III ist. Es entsteht somit ein weiteres Defizit zu Ungunsten des direkten Bahntransportes.

Wir haben, da die Halberstädter Berechnungen nicht vorliegen, einige Beispiele beliebig herausgegriffen, und die Vergleichung mit Zugrundelegung des Spezial-Tarif III im direkten und Umschlags-Verkehr sowie der Halberstädter Schiffsfrachten ausgeführt. Diese bestätigen das Halberstädter Facit im Großen und Ganzen. Wenn es sich also auch wirklich um die Unterschiede in den gegenüberstehenden Frachten handelt, wie sie die Kammer Halberstadt mit 1—5 Pfg. zum Nachteil der Schifffahrt herausgerechnet hat, so dürften doch diese geringen Beträge nach Obigem kaum Anreiz zur Bevorzugung des direkten Eisenbahnweges bieten. Verschiebungen würden also wohl nur bei geschlossener Schifffahrt eintreten.

Von den Zuckerverfrachtungen dieser Art, d. i. zur Raffinerie, sind diejenigen zum Ausfuhrhafen für direkte Ausfuhr zu unterscheiden, also nach Hamburg. Berechnungen mit Zugrundelegung der Halberstädter Schiffsfrachtkosten (inkl. Umschlag und Versicherung) von 40 Pfg. pro 100 kg Magdeburg und Hamburg ergeben, daß die Zuckerversandstationen, welche jetzt nach Magdeburg Umschlag gravitieren, bis auf wenige bei Braunschweig, nördlich, westlich und nordwestlich davon gelegene auch fernerhin in diesem Verhältnis erhalten bleiben, nur daß die Differenzen zwischen den direkten Bahn- und kombinierten Umschlagsfrachten geringer geworden sind. Ungefähr dasselbe Ergebnis hat auch die Handels- und Gewerbekammer Dresden festgestellt. Nun kommt aber bei derartigen Versendungen noch Folgendes in Betracht, was wörtlich den sachverständigen Ausführungen der Kammer Dresden entnommen wird:

„Die Benutzung des Elbewegs bietet nämlich abgesehen von der Frachtersparnis den weiteren Vorteil, daß in Hamburg die Zuckersendungen im Elbschiff kostenlos bis an Seite des Seeschiffes geliefert werden, während bei Verfrachtung direkt mit der Eisenbahn noch ein Schutentransport erforderlich ist, welcher etwa 15 Pf. für 100 kg kostet. Außerdem genießen die Zuckersendungen nach Ankunft in Hamburg ein freies Lager im Elbschiff von mindestens 12 Werktagen, während die Eisenbahnwagen schon binnen 24 Stunden nach Eintreffen in Hamburg entleert werden müssen. Es darf nicht außer Acht gelassen werden, daß die Wahl des Wasserwegs oder des Bahnwegs nicht allein abhängig ist von der Höhe der Fracht, sondern unter Umständen noch weit mehr von der Anpassungsfähigkeit desselben an die Anforderungen, welche der Handel in dem betreffenden Versandartikel an den Transportweg stellt. Zucker nimmt nämlich eine ganz besondere Stellung im Exportverkehr ein.

Bei anderen Ausfuhrgütern zur See ist im Augenblicke der Versendung aus dem Inlande der Bestimmungsort gegeben, es liegt feste Verschiffungsordre nach diesem oder jenem Hafen vor. Handelt es sich um Verschiffung nach einem überseeischen Platze, wohin nicht regelmäßig oder häufig Dampfer- oder Schiffsgelegenheit vorhanden ist, so richtet der Absender die Expedition darauf ein, daß die Ware nicht früher am Verschiffungshafen eintrifft, als Verladung möglich ist, um Wagenstandgeld oder Lagergeld zu vermeiden. Zucker zum Export dagegen wird stets nur franko Verschiffungshafen gehandelt. Die Ordre über die Bestimmung der Ware wird vom Käufer erst nach Eintreffen am Verschiffungshafen erteilt und da der erste Käufer das Gut in der Regel an einen zweiten, dieser wieder an einen dritten u. s. w. verkauft hat, so geht ein solches Quantum erst durch viele Hände, ehe es an den letzten Käufer gelangt, der die Dispositionen über die Waren zu erteilen hat. Dies erfordert Zeit und daher haben sich im Laufe der Jahre ganz feste Kontraktbedingungen herausgebildet, welche dem Käufer große Freiheit hinsichtlich des Termins der Dispositionserteilung und der Verschiffung gewähren. Aus den neuesten „Schlußscheinbedingungen des Vereins der am Zuckerhandel beteiligten Firmen in Hamburg“ für Geschäfte frei an Bord Hamburg in Rübenrohzucker, welche im Ganzen übereinstimmend sind mit denen des Magdeburger und englischen Rohzuckerkontraktes sowie des Kontrakts für weiße Waren, ergiebt sich nun Folgendes:

Dem Verkäufer steht das Recht zu, nach Eintreffen der Ware am Verschiffungshafen innerhalb 4 Tagen nach Andienung, den Andienungstag nicht gerechnet, und dann derart zu disponieren, daß die Verschiffung innerhalb 10 Tagen zu geschehen hat. Es stehen da also bis zur Verschiffung ohne Kosten zur Verfügung:

1 Andienungstag,
4 Werktage (wenn also ein Sonntag $\frac{\text{oder}}{\text{und}}$ Feiertag dazwischen fällt, entsprechend mehr),
10 laufende Tage bis zur Ausführung seiner Disposition,
Sa. 15 Tage (wenn in die 4 Werktage ein Sonntag $\frac{\text{oder}}{\text{und}}$ Feiertag dazwischen fällt, entsprechend mehr)

und, sofern die Andienung bei Eintreffen des Zuckers nicht bis fünf

Uhr erteilt wird, ein weiterer Tag eventuell, wenn die Andienung auf einen Sonnabend nach 1 Uhr Nachmittags trifft, 2 Tage mehr, in Summa also 17 Tage oder mehr. Diese 17 Tage oder mehr werden in den meisten Fällen nicht ausgenutzt, aber selten wird eine Verschiffungsinstruktion in Zucker früher als 3 bis 4 Tage nach Andienung erteilt (in der Regel später), und dann lautet die Verschiffungsordre nicht immer gerade nach Plätzen, wohin täglich oder öfter per Woche Gelegenheit vorhanden ist, wie London, Grimsby, Hull u. s. w., sondern oft nach Häfen, wohin sich nur alle 8—10 Tage Gelegenheit bietet, wie Gloucester, Bristol, Cork, Aberdeen u. s. w. Auch der Verkehr in Zucker nach nicht englischen Häfen ruht fast ausschließlich in englischen Händen und trifft auch auf diese das bezüglich der englischen Häfen Gesagte zu. Der Zuckerexporteur muß aber mit der Möglichkeit rechnen, daß die Verschiffung erst in der Zeit von 17 Tagen und mehr bewirkt werden kann, deshalb würde ihm die Wasserverladung selbst dann besser passen, wenn die reine Bahnfracht nicht bedeutend höher wäre als die der Schifffahrt, welche letztere ihrer Natur nach in der Lage ist, ihm die erforderliche freie Löschzeit zu gewähren. Alle Schifffahrtsgesellschaften gewähren offiziell für Zucker in jedem Quantum 12 Werktage frei bis zur Verschiffung. Der einzelne Privatschiffer läßt sich zu noch viel weitgehenderen Konzessionen veranlassen, er gesteht unter Umständen auch 3 Wochen freie Liegezeit (Löschzeit) zu oder einen späteren Andienungstermin mit der Verpflichtung, auch früher auf Anforderung mit der Lieferung zu beginnen, ohne daß die Liegezeit (Löschzeit), von dem späteren Andienungstermin an gerechnet, geändert würde, was also auch auf eine Verlängerung der freien Liegezeit (Löschzeit) herauskommt. Der Bahnverkehr kann unmöglich diesen Ansprüchen, die sich als Usance im Laufe der Zeit fest herausgebildet haben und die im Widerspruch stehen zu den scharfen Bedingungen der Bahn bezüglich Entladungsfrist der Waggons, gerecht werden. Die Interessenten helfen sich jetzt, um die bedeutenden Kosten für Wagenstandgeld oder Lagergeld zu vermeiden dadurch, daß sie den Bahnzucker bei Eintreffen in Schuten oder Lagerkähne nehmen, um auf diese Weise die Hinhaltung billiger zu bewerkstelligen. Dies können die Interessenten jetzt machen, da der per Bahn expedierte Exportzucker im Verhältnis zu der gesamten Zuckerausfuhr nur ein geringfügiges Quantum repräsentiert. Wird es aber der Bahn gelingen, auf Grund des Spezialtarifs III ein bedeutendes Quantum Zucker nach dem Seehafen zu ziehen, so würde die Entleerung der Waggons in Schuten oder Lagerkähne schon deshelb auf große Schwierigkeiten stoßen, weil es an Raumen auf den Bahnhöfen zur Einladung in Schuten oder Lagerkähne mangelt und weil eine so große Anzahl von Schuten und Lagerkähnen, wie sie für diesen Zweck dann allein erforderlich würden, nicht verfügbar wäre. Wenn aber nicht die sofortige Entladung der Waggons möglich wäre, diese vielmehr längere oder kürzere Zeit an den Bahnhöfen unentladen stehen müßten, so würden sich die Waggons bei den großen Massen, die für Exportzucker in Frage kommen, derart stauen, daß die Bahnhöfe verstopft werden und die ärgsten Kalamitäten entstehen müßten. Ganz besonders muß hierüber in Rücksicht gezogen werden, was im Anfang betont worden ist, daß unter normalen Verhältnissen von denjenigen Relationen, bei welchen Wasser- oder Umschlagkonkurrenz in Frage kommt, bis zum Eintritt strengen Frostes absolut kein Zucker per Bahn eingehen wird. Nur dann und ausschließlich nur dann könnte der Spezialtarif III seine Wirkung ausüben, wenn im Winter bei strengem Frost die Gefahr des Einfrierens auf dem Wasserwege nahe läge, und die Flußfrachten stark in die Höhe gehen würden. Wenn aber dies der Fall ist, wenn Eiskalamitäten herrschen, wenn der Verkehr im Seehafen per Wasser erschwert ist, wird auch die Einladung in Schuten oder Lagerkähne behindert bezw. ganz unmöglich gemacht, und dann stehen die vielen Wagen unentladen da."

Aus diesen Ausführungen geht wohl zur Genüge hervor, daß die Behauptung der Kammer Halberstadt „die Detarifierung schädige die Elbschiffahrt direkt in höchstem Grade und dauernd" nicht zutrifft. Noch weniger begründet ist ihre Potenzierung dieses Satzes dahin, daß die Existenz der Elbschiffahrt von der Entscheidung in dieser Frage abhänge.

Aus dem letzten Satze obiger Argumentation der Handels-Kammer Halberstadt (S. 45) geht hervor, daß für die Elbschiffahrt gefordert wird, die Eisenbahnen dürften keine Frachtherabsetzungen vornehmen, damit die Binnenschiffahrt nicht gleichfalls genötigt werde, herunterzugehen. Die Handels-Kammer Halberstadt fordert damit nicht mehr nationalen Schutz, sondern ein Monopol für die Schiffahrt, und das muß doch schon prinzipiell zurückgewiesen werden. Schließlich dürfte, selbst wenn die Befürchtungen wegen Schädigung der Elbschiffahrt wirklich Berechtigung hätten, die Frage, ob die Erhaltung der Zucker-Industrie einem Lokal-Interesse nicht voranzustellen sei, sicher bejaht werden müssen.

Offenbar unter dem Eindruck der Halberstädter Ausführungen haben die Aeltesten der Kaufmannschaft in Magdeburg, welche ihre Uebereinstimmung mit der Anschauung der Handels-Kammer Halberstadt selbst hervorheben, die gleiche Befürchtung ausgesprochen. Sie vertreten nach ihrer ausdrücklichen Angabe das Magdeburger Schiffergewerbe mit und wurden von dem Magdeburger Schiffer-Verein zum Widerspruch gegen den Antrag in dessen Namen ermächtigt. Da die genannte Korporation andere Argumente und zahlenmäßige Beweise nicht vorführt, muß ihre Behauptung mit Vorstehendem gleichfalls als widerlegt gelten.

Im Laufe der Verhandlungen in den Eisenbahnbeiräten und -Konferenzen gewann auch die Ansicht Geltung, daß der Wasserweg nach Eintreten der Ermäßigung für die größten Produktionsgebiete und zumal für Mitteldeutschland der weitaus billigere und für die Anlieferung des Exportzuckers zweckmäßigere bleiben werde. Als Hauptvorteil der beantragten Detarifierung sei anzusehen:

1. daß dem Osten dadurch bessere Absatzgelegenheiten geschaffen werden können, und
2. daß im Winter während des Schlusses der Schifffahrt der Absatz nicht unterbrochen zu werden braucht.

Für diese Zwecke dürfte die beantragte Frachtermäßigung wohl das richtige Mittel sein.

i. Der zu befürchtende Wagenmangel. Daß für den direkten Bahnverkehr auch dieser als Grund für die Ablehnung des Antrages auf Detarifierung mit herangezogen worden ist, beweist am besten, wie sich die Gutachten der Gegner des Antrages einander widersprechen. Es wird darin einmal behauptet, daß die Eisenbahnen von der Ermäßigung der Frachtsätze keine erheblichen Mehrtransporte bekommen würden und dann ebenso, daß sich infolge der Ermäßigung der Frachten die Kalamität des Wagenmangels bedenklich vergrößern würde. — Der Wagenmangel wird durch die verschiedensten anderweitigen Ursachen bewirkt. Wenn es der Eisenbahn-Verwaltung gelingt, diese zu beheben, so würde ihr der geringe Mehrbedarf an Wagen für Zucker kaum noch irgendwelche Schwierigkeiten verursachen. Auch bleibt dabei zu beachten, daß der Wagenmangel bei den Eisenbahnen in der Regel schon in den Herbstmonaten eintritt, in welchen die Schifffahrt noch offen ist. In der Beweisführung der Gegner wird angenommen, daß der Wagenmangel mit dem Ruhen der Schifffahrt zusammenfällt. Das ist irrig und von Sachverständigen bereits öfter amtlich wie nichtamtlich ziffermäßig widerlegt.

k. Die Begünstigung der österreichischen Durchfuhr. Dieser Einwand verdient mehr Beachtung wie die bis jetzt beleuchteten Begründungen der Ablehnung durch die Gegner des Antrags. Der österreichische Zucker genießt ganz besonders niedrige Ausnahmetarife nach dem adriatischen Meere (Triest—Fiume) und andererseits Elbumschlag Laube. Ueber den Verkehr dieser Häfen liegen aus den Verhandlungen der ständigen Tarifkommission folgende Zahlen vor:

Die Zuckerausfuhr aus Oesterreich über Hamburg (fast ausschließlich österreichischer Zucker und fast ausschließlich über Laube) betrug

1896 = 435615 t

über Triest—Fiume im Jahre

1895/96 = 18888 t
1896/97 = 44661 t

(nach England und Amerika).

4*

Diese Zahlen bekunden einen außerordentlichen Erfolg der österreichischen Tarifpolitik; es ist anzunehmen, daß der Ausgang über Triest—Fiume sich noch erheblich weiter steigern wird. Solange die Elbe überhaupt offen ist, wird aber das Gros des österreichischen Zuckerexports immer der Elbschiffahrt erhalten bleiben. Die Handels- und Gewerbekammer in Dresden giebt als Umschlagsfrachten im Verkehr Laube/Tetschen—Hamburg an:

Schleppgebühr Tetschen—Laube . .	10	Pfg.
Flußfracht inkl. Umschlag und Versicherung	79	„
Zusammen	89	Pfg.

pro 100 kg.

Dem steht die Fracht Tetschen—Hamburg schon mit 1,28 Mk. pro 100 kg nach Spezial-Tarif III gegenüber. Dabei ist wohl eine Konkurrenz zu Zeiten offener Schiffahrt ausgeschlossen.

Nur von wenigen österreichischen Zuckerfabriken an der schlesischen Grenze könnte sich der direkte Bahnversandt gegenüber der Elbe- oder Oderumschlags-Verfrachtung lohnen. Sodann käme der direkte Eisenbahnweg bei offener Schiffahrt in Frage. Dieselbe Angelegenheit ist im Jahre 1895 anläßlich der schlesischen Anträge im Bezirks-Eisenbahnrat Breslau und im Landes-Eisenbahnrat erörtert. Damals ist das Ergebnis dahin ausgefallen, daß eine solche gelegentliche Mitbenutzung der Tarifverbilligung für die deutschen Interessenten keinen Anlaß zu Besorgnissen biete.

Gänzlich vorenthalten läßt sich eine Tarifverbilligung der Auslandsware überhaupt nicht. Sollte die Befürchtung des Mitgenusses einer Tarifermäßigung Auslandswaren gelten, dann würde somit überhaupt nie eine Tarifermäßigung gegeben werden dürfen.

Im vorliegenden Falle kann nur eine gelegentliche Mitbenutzung der direkten Eisenbahnbeförderung durch Deutschland in Frage kommen; diese ist viel zu geringfügig, um eine Maßnahme verhindern zu können, welche zur Erhaltung einer der größten und wichtigsten Industrien Deutschlands für notwendig erkannt ist.

1. Preisdruck des Rohzuckers. Die Handelskammer Halberstadt und viele Interessenten glauben, daß die Detarifierung den Preis des Rohexportzuckers den ausländischen, insbesondere den englischen und österreichischen Raffineuren noch weiter verbillige. Die deutschen Raffinerien würden deshalb ebenfalls gezwungen sein, auf billigeren Einkauf des Rohzuckers zu sinnen. Diese Ansicht ist nicht sicher zu begründen. Zweifellos aber ist es, daß die Frachtermäßigung für die heimischen auf den Eisenbahnversand angewiesenen Produzenten eine Preisbesserung, besonders für die Jahreszeit, in welcher der Wassertransport ver-

sagt — wenn auch vielleicht nicht um den vollen Betrag der Frachtersparnis — bedeutet.

Eine Schädigung der Raffinerien dürfte dann vermieden werden, wenn nach dem Vorschlage der Raffinerie-Abteilung und dem Zusatzantrage auch Rohzucker, welcher zu Exportraffinade verarbeitet wird, eine Frachtermäßigung genießt.

m. Die Schädigung der Schokolade- und Zuckerwarenfabrikanten. Eine solche Schädigung träte dann ein, wenn diese Fabrikanten höhere Rohzuckerpreise bezahlen müßten, aber die billigeren Frachten für den zu ihren Exportwaren gebrauchten Rohzucker nicht genießen würden. In solchem Falle wäre dem Einwande dieser Interessenten eine gewisse Berechtigung nicht abzusprechen.

3. Die Beratungen in Eisenbahn-Körperschaften über die Anträge betr. Detarifierung bis zu deren Ablehnung.

Soweit nicht bereits über Verhandlungen, Berichterstattungen und Beschlüsse in Ausschüssen oder Vollversammlungen von Eisenbahn-Räten, Verwaltungen und Kommissionen aus Anlaß eingegangener Anträge oder Aufforderungen berichtet worden ist, soll nachfolgend in Zusammenfassung dargestellt werden, von welchen Anschauungen aus die allgemeine Frachtermäßigung seitens maßgebender Eisenbahn-Behörden beurteilt worden ist.

Bei der großen Fülle des Materials über diese Verhandlungen und Urteile in Protokollen, Akten und Berichten der Zeitschriften muß die Darstellung im engsten Rahmen gehalten werden.

Die ausführlichsten Verhandlungen mit den wichtigsten Referaten brachte die Tagung der ständigen Tarifkommission der deutschen Eisenbahnen am 6. und 7. Juni 1898 in Baden-Baden, zu welcher eine Anzahl bedeutsamer Schriftsachen vorgelegen hatte[1]).

Zu diesen Verhandlungen waren die Anträge für Detarifierung vom Vertreter der K. E. D. Magdeburg in der Art, wie bereits mitgeteilt, begründet worden.

Der Vertreter der Generaldirektion der Sächsischen Staatsbahnen, einstweiliger Gegner der Anträge, brachte dazu

[1]) Protokoll der 65. Sitzung mit den Anlagen: A Von der Handelskammer zu Halberstadt an die Königl Eisenbahn-Direktion Magdeburg (14. April 1898). B. Von der Handels- und Gewerbe-Kammer in Dresden an die Generaldirektion der Sächsischen Staatseisenbahnen mit reichem statistischen Material (30. März 1898). C. Von den Aeltesten der Kaufmannschaft in Halberstadt, von der Handelskammer in Halle, von den Aeltesten der Kaufmannschaft in Magdeburg und von der Handelskammer in Nordhausen, alle an die Königl. Eisenbahn-Direktion Magdeburg (4 Mai 1898). D. Berechnung der zu erwartenden Frachtausfälle der deutschen Bahnen bei Annahme der Anträge.

als gewissermaßen zu erörternde Vorfrage die dortigen Auffassungen darüber vor, ob überhaupt ein wirklicher Notstand für Deutschlands Zuckerindustrie angenommen werden könne. Wäre das der Fall, dann müßte bei der Wichtigkeit dieser Industrie auf jeden Fall geholfen werden. Die von der K. E. D. Magdeburg in der Begründung des Antrages dargestellten Verhältnisse lägen aber thatsächlich nicht so ungünstig und hätten sich, soweit das der Fall gewesen wäre, seit Einbringung des Antrages gebessert. Das gelte besonders für die Benachteiligung aus dem Dingley-Tarife. Die Ausfuhr habe sich normal weiter entwickelt und die Preise seien wieder ein wenig gestiegen. Die Rentabilität der Zuckerfabriken sei im Allgemeinen zwar etwas zurückgegangen, für einzelne Unternehmungen aber noch recht gut.

Nach dem Berliner Kurszettel betrügen z. B. die Dividenden im letzten Geschäftsjahr

für	Fraustadt	4 %
„	Glauzig	8 %
„	Köhlmann	15 %
„	Körbisdorf	4 %
„	Rositz	14 %
„	deutsche Zuckerraffinerie	6 %.

Die betrüblichen Betriebseinstellungen, welche da und dort vorgekommen seien, wären keineswegs der Zuckerindustrie allein eigen.

Nur nach der ziffermäßigen Rente der Fabriken dürfe die Lage der deutschen Zuckerindustrie angesichts der großen Vorteile, welche sie der Land- und der ganzen Volkswirtschaft gewähre, nicht beurteilt werden. Ungeachtet der im Antrag betonten Ungunst der Verhältnisse bilde sie auch jetzt noch für weite Volkskreise die Quelle angemessenen Erwerbes, und von einer eigentlichrn Notlage könne somit keineswegs die Rede sein.

Die Gründe für die noch immer erträgliche Lage anderen Ländern gegenüber, seien hauptsächlich die bessere Beschaffenheit des deutschen Bodens, die fortgeschrittene Technik der Fabrikation, die größere Intelligenz der Arbeiter, die enge Verbindung zwischen Zuckerfabriken und rübenbauender Landwirtschaft durch Genossenschaftsverhältnisse, vor allem aber die günstige Lage der Mehrzahl der Fabriken zum Wasserwege.

Diese Verhältnisse seien von den im Magdeburger Antrag hervorgehobenen ganz unabhängig und deshalb werde die Zuckerindustrie nicht leicht erliegen, auch wenn ihre Lage gegen früher keine glänzende mehr sei.

Den in den Nachbarländern für die Beförderung von Zucker verwilligten Tarifermäßigungen seien die Frachtverbilligungen von Rohstoffen auf den deutschen Eisenbahnen entgegen zu halten.

Der mit berichterstattende Vertreter der pfälzischen Eisenbahnen schloß sich diesen Ausführungen an und fügte dazu, daß die jetzige Tariflage an dem augenblicklichen, vielleicht unbefriedigenden Zustande der Zuckerindustrie nicht schuld sei, daß also eine Aenderung der ersteren ohne wesentlichen Einfluß auf den letzteren bleiben würde.

Der Vertreter der K. E. D. Breslau erklärte zu diesen Anschauungen, daß die aufgeworfene Hauptfrage den Kernpunkt der Sache nicht treffe. Ob eine allgemeine Notlage in der Zuckerindustrie vorhanden sei, ließe sich wohl verneinen, der Antrag könne aber doch als berechtigt anerkannt werden.

Entscheidend sei allein die Frage, ob angesichts des von Jahr zu Jahr schärfer auftretenden Wettbewerbes ausländischer Erzeugnisse zur Erhaltung der Exportfähigkeit und damit der eigentlichen Lebensfähigkeit der deutschen Zuckerindustrie eine Tarifermäßigung für Zucker zum Export geboten sei. Diese Frage müsse unbedingt bejaht werden.

Einer scharfen Kritik wurden dann die gebrachten Angaben über die Dividenden gewisser östlicher Zuckerfabriken unterworfen. Rositz und die Norddeutsche Zuckerraffinerie seien Melasse-Entzuckerungsanstalten, Glauzig und Körbisdorf große, konsolidierte Oekonomien, deren Rentabilität die Rohzuckerfabrikation allein nicht bedingt. Köhlmann ist keine Zuckerfabrik, sondern der Name eines Kartoffelstärkefabrikanten.

Mit dem Herrn Mitberichterstatter wurde als Ursache des gegenwärtigen Zustandes der andauernd ausgeübte Preisdruck von der stetig wachsenden und vielfach künstlich gesteigerten Produktion und Konkurrenz der ganzen Welt bezeichnet.

Jemehr dabei die Reinerträge der Zuckerindustrie zusammenschmölzen, um so schärfer und gegensätzlicher machten sich die mit dem Standort der einzelnen Industrien gegebenen Absatzbedingungen und zugleich die Bestrebungen geltend, mit Hilfsmaßnahmen aller Art (Exportprämien, Exporttarife) dem natürlichen Mangel dieser Bedingungen zu Hilfe zu kommen.

Vom Vertreter der K. E. D. Magdeburg wurde den gemachten Ausführungen gegenüber betont, daß der Antrag nicht mit einem vorhandenen Notstand in der Zuckerindustrie, sondern mit der Befürchtung einer Verdrängung des deutschen Zuckers im Auslande begründet sei.

Das vorgetragene Zahlenmaterial liefere für letztere Befürchtung den Beweis.

Mit dem Antrage solle zur rechten Zeit einer weiteren Verdrängung vorgebeugt werden, denn es sei bedenklich, mit Gegenmaßregeln so lange zu warten, bis der deutsche Zuckerexport thatsächlich unterlegen ist.

Bezüglich der Frage, ob die erbetene Frachtermäßigung das geeignete Mittel zur Abhilfe sei, wurde auf Grund der von den deutschen Eisenbahnen angestellt gewesenen genauen Ermittelung[1]) bemerkt, daß der Frachtausfall bei Berechnung der 793232 t per Eisenbahn direkt oder mit Umschlag exportierten Zuckers nach Spezialtarif III 1004708 Mk. betragen würde.

Mit Division dieses berechneten Ausfalls durch allen überhaupt ausgeführten Zucker, also 1186962 t statt nur 793232 t, bei welchen der Ausfall entstanden wäre, bekommt der Berichterstatter nur eine durchschnittliche Ersparnis von rund 9 Pfg. statt in Wirklichkeit rund 13 Pfg. pro dz. Daraus wurde weiter gefolgert, daß eine solche Ersparnis gegenüber den rund 1—2 Mk. pro dz. betragenden Preisschwankungen innerhalb eines Jahres oder gar den Steuerlasten und Exportprämien zu winzig sei, um wirksam sein zu können.

Diese an sich wohl richtige Folgerung steht mit der früher angegebenen Meinung der Handelskorporationen, daß beim Zuckergeschäft bei den großen Quantitäten mit Pfennigen und Bruchteilen von Pfennigen sehr gerechnet werden müsse, nicht im Einklang. Durchschnittsrechnungen dieser Art geben, selbst mit der Voraussetzung absoluter Richtigkeit, immer ein unzutreffendes Bild. Wie sich die Frachtersparnisse thatsächlich stellen würden, geht besser aus nachfolgender Zusammenstellung der Frachtsätze der Spezialtarife I und III pro 100 kg für einige Entfernungen hervor:

Entfernung km	Für 100 kg		
	Spezial-Tarif I Pfg	Spezial-Tarif III Pfg.	Spezial-Tarif III billiger Pfg.
20	15	11	4
50	29	19	10
150	80	45	35
250	125	67	58
350	170	89	81
450	215	111	104
500	237	122	115
600	282	144	138
700	372	188	184

Im Weiteren bemerkte der Berichterstatter zur Ausfuhrfrage noch, daß von den 11869620 dz. Zucker, welche 1896 aus dem deutschen Zollgebiet ausgeführt seien, auf den direkten Bahnverkehr nur 235792 dz. = 2% der gesamten Zuckerausfuhr entfielen.

[1]) Anlage D zu den unter Anmerkung 1 S. 53 angeführten Protokollen.

Da bei gleichen Frachtsätzen der Wasserweg noch vorteilhafter sei und dieser in den allermeisten Fällen den Bahnweg auch nach Ermäßigung noch unterbiete, sei eine große Verschiebung zu Gunsten des Bahnverkehrs nicht zu erwarten; die Maßregel könne daher das geeignete Mittel zur Hebung der Zuckerausfuhr im Allgemeinen nicht sein.

Diese Argumentation beruht gleichfalls auf einem großen faktischen Irrtum, insofern nämlich als in fraglichem Jahre von der Preuß. Staatseisenbahn allein rund 2480000 dz, also mehr als das zehnfache, direkt per Eisenbahn ausgeführt worden sind.

Mit diesen beiden unzutreffenden Grundlagen fallen alle anderen umfangreichen Erörterungen über die Frage von selbst.

Daß die Eisenbahntarife thatsächlich in erheblichem Maße geeignet sind, die Ausfuhr zu begünstigen und zu beeinflussen, ist bereits an dem österreichischen Beispiel der Triester Tarife gezeigt worden.

Der Berichterstatter hatte sich auch noch mit der Frage beschäftigt, wie im Falle der Detarifierung von Zucker aller Art zur Ausfuhr der für Raffinerien bestimmte Rohzucker, sofern er als Raffinade ausgeführt wird, zu tarifieren sei. An dem Magdeburger Antrage wurde Kritik geübt und darin die vorgeschlagene Lösung der Frage als unbefriedigend, Schwierigkeiten für die Eisenbahnen, aber nicht das Geforderte für die Raffinerien bringend, bezeichnet. Sie sei das gefährlichste Mittel zur Erzeugung thatsächlicher erheblicher Ungleichheiten.

Schließlich wurde der Zeitpunkt für einen derartigen Beschluß für ungeeignet erklärt, weil eine neue internationale Konferenz (die neunte) wegen Abschaffung der Prämien bevorstehe. Diese hat auch stattgefunden, ist aber so resultatlos als die acht Vorgängerinnen verlaufen.

Unter dem Eindrucke aller Kontroversen für und wider den Antrag, dessen Ablehnung vom Berichterstatter für „zunächst wenigstens" vorgeschlagen worden war, erfolgte die Ablehnung.

Die gegen den Antrag angeführten Argumente lassen sich summarisch in die folgenden Gruppen einteilen:

A. Es sei zweifelhaft, ob die Zuckerindustrie einer solchen Hilfe bedürfe, und jedenfalls die Detarifierung nicht das geeignete Mittel dafür.

B. Die Detarifierung würde ungerechtfertigte Absatz- und Preisverschiebungen hervorrufen.

C. Durch eine solche Detarifierung und deren Ausdehnung gemäß Zusatzantrag würden die Schiffahrt, die Süßwarenfabrikanten und die Raffinerien geschädigt.

D. Gegengründe lokaler Natur, wie Verlegung des Zwischenhandels nach einem anderen Hafen ꝛc.

Zu der letzteren Kategorie gehören auch die Gegengründe Süddeutschlands.

Von diesen Einwendungen beruhen auf falschen Grundlagen:

1. Daß die Frachtverbilligung nicht das geeignete und zureichende Mittel sei;
2. daß die Schifffahrt geschädigt werde.

Berechtigt erscheinen vom speziellen Standpunkt aus die Einwendungen der süddeutschen Interessenten, möglicherweise die der Süßwarenfabrikanten und vielleicht auch die der Raffinerien, welche sich nicht mit einer Abschlagszahlung begnügen wollen.

Die übrigen Gründe lassen sich nicht ziffermäßig widerlegen.

Nach Ablehnung des Antrages in der ständigen Tarifkommission verliefen die späteren Verhandlungen in den Eisenbahnbeiräten zu Gunsten des Antrages.

Verhandlungen des Preußischen Landes-Eisenbahnrates im Ausschuß am 25. November 1898 und in der Vollversammlung am 16. Dezember 1898. Nach nochmaliger eingehender Darlegung, daß die Lage der deutschen Zuckerindustrie eine so unbefriedigende und so schwierige sei, daß sie die beantragte Hilfe erheische, wurden die Zahlenangaben, welche bei den Verhandlungen der ständigen Tarifkommission die Abstimmung beeinflußt hatten, zur Besprechung gebracht. Der direkte Eisenbahn-Ausfuhr-Versand sei um das zehnfache zu niedrig angegeben worden, und die Befürchtungen für die Schifffahrt wurden als unhaltbar nachgewiesen. Obschon bei den Verhandlungen immer noch mit der irrigen Ermittelung des Berichterstatters in der ständigen Tarifkommission, daß die durchschnittliche Frachtermäßigung rund 9 Pfg. pro dz. betrage, gerechnet wurde, fand der Landeseisenbahn-Rat doch, daß die Forderung berechtigt sei und ein geeignetes Hilfsmittel darstelle. Er befürwortete deshalb die Anträge mit großer Majorität.

Von der Generalversammlung der deutschen Eisenbahnen wurde der Antrag in der Sitzung am 20. Dezember 1898 in folgender Fassung angenommen:

„Zucker (Rüben- und Rohzucker) aller Art im Falle der Ausfuhr wird in Spezialtarif III versetzt.

Außerdem wird für Rohzucker an Raffinerien der Unterschied zwischen der berechneten und der nach Spezialtarif III sich ergebenden Fracht nach dem Verhältnisse der von der Raffinerie in der Zeit vom 1. September eines Jahres bis zum 31. August des nächsten Jahres zur Ausfuhr gebrachten Menge Raffinade zu dem Gewichte der in derselben Zeit von ihr insgesamt verarbeiteten Menge Rohzucker an die Zuckerraffinerie auf deren Antrag erstattet. Der ausgeführte raffinierte Zucker wird dabei mit dem $1^1/_9$fachen des wirklichen Gewichts in Rechnung gestellt.

Der Erstattungsantrag hat alle in dieser Zeit empfangenen Sendungen Rohzucker zu umfassen und ist von der Raffinerie spätestens einen Monat darauf unter Vorlegung der Originalfrachtbriefe über diese Sendungen, sowie der steueramtlichen Bescheinigungen über die in dem angegebenen Zeitabschnitte von der Raffinerie insgesamt verarbeiteten Gewichtsmengen Rohzucker und über die in der Zeit von ihr zur Ausfuhr gebrachten Gewichtsmengen Raffinade bei der Verwaltung der Empfangsbahn anzubringen."

Gefaßt wurde ferner ein Eventualbeschluß, daß, falls die Detarifierung in Spezialtarif III im Wege des nachträglichen schriftlichen Widerspruchs fallen würde, die Versetzung in Spezialtarif II stattfinden solle. Werde auch dies auf obige Weise verhindert, dann müsse es beim bisherigen Zustande verbleiben.

Da nachträglich schriftlich über $^1/_4$ aller Stimmen — wahrscheinlich süddeutsche — widersprachen, verblieb es in der That bei dem bisherigen Zustande.

VI. Die neueren Versuche zur Erlangung von Ausnahmetarifen in Preußen.

1. Die Eingaben an das preußische Staatsministerium der öffentlichen Arbeiten.

In einer Sitzung der Vollversammlung des deutschen Landwirtschafts-Rats vom 20. Februar 1899 wurde über Maßnahmen zur Hebung des Zuckergeschäftes verhandelt. Während der Verhandlungen kam die Nachricht von dem Ausgange des Beschlusses der Generalkonferenz der deutschen Eisenbahnen. Dieser Beschluß veranlaßte sofort die Annahme eines neuen, kurzen Votums, dahin lautend: „Die Detarifierung des Zuckers zur Ausfuhr ist durchzuführen".

Da die preußischen Staatseisenbahnen überwiegend an der Detarifierungsfrage interessiert und beteiligt sind, mußte an diese die Bitte gerichtet werden, das, was für ganz Deutschland gescheitert war, wenigstens in Preußen auf dem Wege der Ausnahmetarifierung einzuführen.

Die Zentralstelle der preußischen Landwirtschaftskammern — Verkehrsstelle versandte darauf hin am 27. Februar 1899 den Entwurf einer diesbezüglichen Eingabe an alle preußischen Landwirtschaftskammern. Nach deren allseitiger Zustimmung reichte sie am 10. März 1899 das Gesuch beim Ministerium d. ö. A. ein.

Der Verein der deutschen Zuckerindustrie folgte mit einer gleichartigen Eingabe am 13. März 1899, der Bund der Landwirte mit seiner Eingabe am 9. Mai 1899.

Der Verein der deutschen Zuckerindustrie hat in seiner Eingabe nochmals versucht, alle Einwendungen, welche im Laufe der Verhandlungen erhoben waren, zu widerlegen.

Um das Ausland von vornherein von der Teilnahme soweit als möglich auszuschließen, wurde die Erstellung spezieller Ausnahmetarife nur von den Fabrikstationen nach den Hafen- inkl. Umschlags- bezw. Ausfuhrgrenzstationen gefordert.

Unter Bezugnahme auf die in Abschnitt IV und V gegebenen Erläuterungen zur Tariffrage muß es genügen, lediglich auf diese Eingaben hinzuweisen. Neue Argumente zur Befürwortung der Eingaben konnten nicht erbracht werden. Die Anträge haben aber formell eine Aenderung insoweit erfahren, als die Ermäßigung keine allgemeingiltige mehr sein soll, und sachlich eine solche durch den Ausschluß der Zuckerindustrie Süddeutschlands, die allerdings verschwindend klein gegenüber der in Mittel-, Nord-, Ost- und Westdeutschland ist.

Der Verein der deutschen Zuckerindustrie und die Zentralstelle der preußischen Landwirtschaftskammern haben alsdann die beteiligten Vertreter in den Bezirks-Eisenbahn-Räten aufgefordert, in diesen Körperschaften neue Beschlüsse über die Angelegenheit in der nunmehrigen Antragsform herbeizuführen.

In einer Sitzung des Landes-Eisenbahn-Rates vom 10. November 1899 interpellierte das Mitglied von Arnim-Güterberg den Vertreter des Ministeriums d. ö. A. mit der Bitte, die erbetene Frachtermäßigung baldigst einzuführen. Derselbe antwortete, daß zur Zeit eine bestimmte Erklärung darüber noch nicht abgegeben werden könne.

2. Die bisherige Beurteilung dieser Eingaben.

Wie die neuen Eingaben keine weiteren Argumente für, so brachten die Gegner keine weiteren Gründe gegen die Frachtverbilligung mehr vor. Die Agitationen beiderseits bedienen sich des bisherigen Rüstzeuges.

Die mitteldeutschen Handelskorporationen haben einen neuen gemeinsamen Protest erhoben, und die süddeutschen Industriellen und Händler werden um so weniger mit der Wendung der Dinge einverstanden sein, als sie gerade durch den Mund des Vertreters der Pfälzischen Eisenbahnen ihrer Furcht vor Ausnahmetarifen unzweifelhaften Ausdruck gegeben haben. Daß die Ausnahmetarife nun auf die preußischen Staatsbahnen beschränkt sein würden, kann deren nachteilige Wirkung gegenüber den süddeutschen Interessenten eher steigern als mindern.

Der neu formulierte Antrag auf Ausnahmetarifierung ist in den Bezirks-Eisenbahn-Räten Halle-Erfurt, Bromberg-Danzig-Königsberg, Hannover-Münster und Breslau-Kattowitz-Posen bereits verhandelt und hat ohne weitläufige Erörterungen volle Zustimmung gefunden.

In Preußen bezw. Norddeutschland hat die Angelegenheit eine gewisse Förderung außerdem dadurch erfahren, daß dem russischen Durchfuhrzucker eine Frachtverbilligung um 25 % auf preußischen Eisenbahnen zugestanden ist, und daß nun der deutsche Zucker auf preußisch n Eisenbahnen um ebensoviel teurer gefahren wird wie der russische. Die Erbitterung darüber war zunächst allgemein und fand nicht nur in der Presse und in Versammlungen, sondern schließlich in einer Interpellation im Reichstage (der Landtag tagte nicht) an den preußischen Minister d. ö. A. Ausdruck. Dessen Antwort möge nach dem Hauptinhalt aus dem stenographischen Reichstagsprotokoll wiedergegeben werden:

Die russischen Eisenbahnen wären bemüht gewes n, die nicht unbedeutenden russischen Zuckerexporte für ihren Hafen Libau zu erwerben und hätten deshalb Ermäßigungen eintreten lassen, die, wenn preußischerseits die Konkurrenz für Danzig und Königsberg nicht aufgenommen worden wäre, zu dem Ergebnis geführt hätten, d ß dann diese Städte den Handel und die Rhederei in russischem Exportzucker vollständig verloren hätten. In vorsichtiger Fürsorge habe zuvor eine genügende Orientierung darüber, welche Aufnahme die Maßregel bei den zunächst beteiligten Kreisen finden würde, stattgefunden. Der Bezirks-Eisenbahn-Rat Bromberg sei befragt worden. Derselbe, in welchem doch die agrarischen Interessen entsprechend vertreten seien, habe sich mit der Maßregel einstimmig oder, soviel er wisse, mit allen gegen zwei Stimmen einverstanden erklärt. (In Wirklichkeit gegen eine Stimme. D. V.) Somit habe das Ministerium durchaus keinen Anstand nehmen dürfen, die Maßregel einzuführen. Der Bezirks-Eisenbahn-Rat habe ausd ücklich sein Votum dahin motiviert, daß auch die Landwirtschaft ein großes Interesse daran habe, Danzig und Königsberg mit seinen Rhedereien und seinem Handel prästationsfähig zu erhalten, und daß er aus diesem Grunde auch für das ausländische Produkt Tarife.mäßigung gewähren wollte. Es sei daran der Wunsch geknüpft worden, welchen er (Minister) teile, daß auch für den inländischen Zucker billigere Exporttarife gewährt werden möchten. „Wenn die Eisenbahn-Verwaltung allein darüber zu entscheiden hätte, wären diese Tarife längst eingeführt." Die Herren Zuckerinteressenten müsse er aber bitten, sich zunächst unter sich zu einigen, was bisher nicht geschehen wäre. Wenn nach der Produktion abgestimmt werden sollte, würde nach seiner Auffassung — bessere Belehrung gerne aufgenommen — heutzutage die Majorität entschieden nicht für die Gewährung billiger Exporttarife sein. Der Grund sei, daß dadurch die begünstigten Regionen der Zuckererzeugung so che Vorteile erlangten, daß die Minderbegünstigten sich benachteiligt fühlen müßten. Ganz Süd-Deutschland stehe wie ein Mann gegen die Expor tarife und ein größerer Teil in Preußen ebenso. Die Sache liege nicht so einfach, wie sie von Zeitungsnotizen her sich ansehe.

Hiernach konnte die Erbitterung nicht mehr Stand halten. Die Agitation für die Anträge gewann aber eine günstigere Unterlage durch die Erklärung, daß die preußische Staatsbahnverwaltung den Forderungen gerne entsprechen möchte. Das, was in Preußen die Landwirtschaft und die Zuckerindustrie seit dem Jahre 1893 zu erreichen suchen, hat Rußland für sich erzwungen. Nicht die preußische Regierung hat danach Gleiches verweigern wollen, sondern die Uneinigkeit im Lager der deutschen Interessenten soll die Gewährung bis jetzt unmöglich gemacht haben. Wenn man aber die oben bereits besprochenen Aeußerungen der Interessentengruppen mit den Angaben des Ministers d. ö. A. vergleicht, ist thatsächlich mehr Einigkeit als Uneinigkeit — von den Raffinerien abgesehen — zu finden. Die Argumentation des Ministers d. ö. A. in dieser Hinsicht kann deshalb wohl nicht ganz anerkannt werden.

Wenn auch die Aussichten somit etwas gebessert sind, erscheinen sie doch leider noch nicht sehr günstig. Das ist um so bedauerlicher, als die preußische (oder besser norddeutsche) Zuckerindustrie, welche an den Ausnahmetarifen partizipieren würde, etwa $^{9}/_{10}$ der ganzen deutschen Zuckerindustrie ausmacht, und für diese Mehrheit das Bedürfnis nach Frachtverbilligung des Ausfuhrzuckers allgemein anerkannt worden ist.

Der letztere Umstand wird schließlich mit elementarer Kraft durchdringen müssen. Sollte es aber nicht möglich sein, eine so eminent wichtige Maßregel auch entgegen den überaus geringen als berechtigt anzuerkennenden Widerständen durchzuführen, so müßte auf eine anderweite Formulierung der Forderungen gesonnen werden, welche die Zustimmung der meisten bisherigen Gegner fände.

VII. Die Beurteilung der Frage der Detarifierung nach fiskalischen und volkswirtschaftlichen Standpunkten.

1. Das Interesse des Fiskus an der Detarifierung.

Daß die Anträge trotz der fast ausnahmslosen Anerkennung der Notwendigkeit einer Unterstützung der Zuckerindustrie zur Hebung des Exportes so heftig bekämpft worden sind, liegt mit an der Formulierung des Antrages und an der beabsichtigten Art der Durchführung. Der großen Schwierigkeiten zur Gewinnung einer allseitig befriedigenden Form der Anträge war im Abschnitt V gedacht worden.

Verfasser glaubt, daß die meisten bisherigen Gegner der Anträge befriedigt werden könnten, wenn der Antrag lauten würde:

„In Spezialtarif III werden versetzt: ‚Rohzucker unter 98% Polarisation; Zucker aller Art im Falle der Ausfuhr'".

Dieser Vorschlag würde nur durch Aufnahme des Rohzuckers, welcher für den Inlandskonsum verarbeitet wird, erweitert sein, dadurch aber allen gefürchteten Ungleichheiten abhelfen und außerdem gleichzeitig der Förderung des Inlandkonsums dienen.

Gerade auf diesen wird jetzt mit Recht mehr und sehr viel Wert gelegt. Der im Falle der Verständigung über diese Lösung zu erwartende Mehrausfall an Fracht für die deutschen Eisenbahnen wäre auf rund $^1/_2$ Million Mark zu veranschlagen.

So einfach diese Lösung erscheint, müßte sie indessen zu einer Konsequenz führen, durch welche der Mehrausfall sich verdoppelte. Die nicht als Futter verbrauchte Melasse ist in Spezial-Tarif II klassifiziert. Wenn das Fabrikat detarifiert würde, könnte für das viel weniger wertvolle Nebenprodukt eine höhere Fracht nicht mehr gezahlt werden.

Einem solchen Versuche zur Lösung der Schwierigkeiten würden sich die Eisenbahnverwaltungen möglicherweise entgegenstellen, weil ihr Gesamtausfall an Fracht sich sehr wesentlich — um etwa 1 Million Mark — erhöhte, gegenüber $1^1/_4$ Millionen Mark nach den jetzigen Anträgen auf $2^1/_4$ Millionen Mark nach obigem Vorschlage des Verfassers.

Da von der Melasse nach Angaben in der Güterbewegungs- und in der Reichsstatistik schon jetzt fast $^9/_{10}$ auf der Eisenbahn befördert werden, dürfte ein starker Verkehrszuwachs für die Bahnen nicht mehr möglich sein. Es ist jedoch andererseits einzuwenden, daß auch schon aus den vorliegenden Anträgen ein Mißverhältnis entsteht, indem Ausfuhrmelasse mehr Fracht zahlen soll als Ausfuhrzucker (roher wie raffinierter). Ob und wann einmal praktische Folgerungen wirklich daraus gezogen werden, läßt sich zur Zeit noch nicht übersehen. Seit Jahren gehört die Frage der Detarifierung von Melasse zu den Schmerzenskindern der Eisenbahn-Beiräte und Eisenbahntarifkonferenzen Jeder auch nur geringe Anstoß kann den Stein wieder ins Rollen bringen.

Unter der Voraussetzung, daß die Eisenbahnverwaltungen in Berücksichtigung aller dafür und dagegen sprechenden Erwägungen wegen eines Mehrausfalls sich nicht sträuben würden, erscheint dem Verfasser der Vorschlag: „Detarifierung von a) Melasse und Syrup, b) Rohzucker, c) Zucker aller Art im Falle der Ausfuhr in Spezial-Tarif III" evtl. eine geeignete Lösung zu bieten.

Die Wirkungen, welche die Durchführung der jetzigen Anträge auf den Fiskus ausüben würde, sind durch die eventuellen Frachtausfälle schon bezeichnet. Ein Teil davon mag durch Transportvermehrung wieder eingebracht werden.

Die Hauptwirkung der Anträge liegt aber auch nicht auf der rein fiskalischen, sondern auf der wirtschaftlichen Seite.

2. Die Wirkungen der Detarifierung für die Rübenzucker-Industrie, die Landwirtschaft und den Handel im Deutschen Reiche.

Wenn es gelingen könnte, der deutschen Zucker-Industrie mit Hilfe der vorgeschlagenen Maßnahmen die Position auf dem Weltmarkte besser zu befestigen, dann ergäbe das einerseits eine

Kräftigung des Außenhandels des Reiches, andererseits aber, worauf die zunächst beteiligten Interessenten das Hauptgewicht legen müssen, eine solche der Zucker-Industrie, der rübenbauenden Landwirte und der Landwirtschaft überhaupt. Es darf nie vergessen werden, daß auf den mit Zuckerfabriken verbundenen großen Gütern, weil hier die erforderlichen Mittel vorhanden waren und technische und wissenschaftliche Hilfe (Laboratorien u. s. w.) zu Gebote stand, durch unermüdliche Anstellung von richtig ausgeführten Versuchen die volle Klarheit zum Verständnis der von Liebig'schen Lehren gewonnen worden ist, und daß diese Güter sich überhaupt nach vielen Richtungen hin zu richtigen Versuchs- und Musterwirtschaften entwickelt haben. Wie groß die Summen sind, welche dadurch allen Landwirten der Welt zu verdienen möglich waren, wird nie berechnet werden können. Die deutschen Landwirte haben das, was sie diesen Betrieben verdanken, richtig zu würdigen gewußt. Sie stehen fest und treu zur heimischen Rübenzucker-Industrie und werden deshalb jedenfalls nicht ermüden in dem Kampfe und in der Agitation für endliche Erringung einer befriedigenden Lösung der Transportfragen.

Die Bedeutung des Zuckerrübenbaues für die gesamte Landwirtschaft darf nicht nach der Anbaustatistik beurteilt werden. Die geringen Prozente der Flächen für diesen Anbau brachten der Landwirtschaft das Maximum der Prozente in der Ertragssteigerung und auch eine Mehrung des Reinertrages, so lange die Preise der Erzeugnisse die Mühen gelohnt hatten, und für die Muster- und Versuchsthätigkeit die erforderlichen Opfer erschwinglich waren.

Groß sind noch immer die Aufgaben, welche für einen gesicherten und gesteigerten Pflanzenanbau gelöst werden müssen. Bei aller Anerkennung dessen, was seitens der Regierungen dafür in den letzten Jahrzehnten gethan worden ist und wohl fernerhin noch weiter geschehen wird, kann doch nicht verkannt werden, daß die private Mitwirkung dazu auf wirklichen und großen Versuchs- und Musterwirtschaften nicht entbehrt werden kann.

Bei längerer Dauer der ungünstigen Verhältnisse und angesichts der Gefahr einer Zurückdrängung des Zuckerexporthandels auf den Weltmärkten steht zu befürchten, daß diese bisher großartigst ausgeübte private Thätigkeit erlahmen würde. Das wäre gleichbedeutend mit Stillstand und selbst Rückschritt für die gesamte Landwirtschaft und dadurch würden der deutsche Handel und viele andere auf Erwerb angewiesene Gruppen der Bevölkerung ebenfalls stark geschädigt werden.

Bezüglich der speziellen Einwirkungen des Rübenbaues auf die Landwirtschaft wird auf Abschnitt II verwiesen.

3. Die Wirkungen der Detarifierung für Zucker auf das Gesamtwirtschaftsleben des deutschen Volkes.

Während die besprochenen Fragen in der gesamten Landwirtschaft übereinstimmend und in der beteiligten Industrie zwar nicht in gleicher Weise, aber doch bezüglich der Folgen für die Landwirtschaft ziemlich übereinstimmend beurteilt wurden, ist das nicht mehr der Fall bei Erwägung der Wirkungen der Anträge für Detarifierung des Zuckers auf das gesamte Wirtschaftsleben des deutschen Volkes.

Die hierin sich zeigenden Gegensätze in der Beurteilung bedürfen noch schwerer Arbeit und vielen guten Willen, um Uebereinstimmung zu gewinnen.

Bei manchen Landwirten zeigt sich eher ein feindschaftliches, als ein förderliches Verhalten dem deutschen Außenhandel gegenüber.

In vielen anderen Kreisen herrscht, gleichgiltig aus welchen Motiven, die Meinung vor, daß ein Verlust des Weltmarktes für den Artikel Zucker überhaupt keine Schädigung für Deutschlands Wohlfahrt bringen würde, weil in besserer Förderung des inländischen Handels zum Zwecke der Verbrauchssteigerung reichlich Ersatz zu finden sei. Bisher habe zum Schaden dieses Verbrauchs die Steuer- und Zollpolitik im Deutschen Reiche zu sehr die Rübenzucker-Industrie begünstigt gehabt, und dadurch allein sei es zu der beklagenswerten Ueberproduktion und wieder infolge dieser zu dem erbitterten Konkurrenzkampf mit anderen Ländern, sowie zu den starken Einbußen des Fiskus gekommen. Auf die großen Kreise aller Konsumenten mit nur beschränkten Einnahmen habe diese Politik die Wirkung ausgeübt, daß sie sich um den für sie zu größerem Verbrauch unerschwinglichen Artikel Zucker überhaupt nicht viel bekümmert hätten, so daß jetzt für die Bemühungen zur Unterstützung der gestellten Anträge in allen diesen, sowie in vielen anderen Kreisen, das Verständnis absolut fehle. Es gäbe hier überhaupt weit eher die Zustimmung zu allem, was den Wünschen der Rübenzucker-Interessenten zuwider sei. Die Wohlfahrt des Reiches und die seiner gesamten Bevölkerung werde, soweit das vom Zucker abhängig, am besten dann gefördert, wenn der Inlands-Verbrauch sich stark vermehrte.

Die Voraussetzung dazu bilden aber:

1. die allgemeine Hebung der Kaufkraft und
2. erschwingliche Preise für Zuckerwaren aller Art, insbesondere auch von Konserven mit Zuckerverwendung.

Sowohl die Rübenbauer wie alle anderen Interessenten am Rübenbau verlangten höhere Preise; das Streben danach sei ja nach eigenem Geständnis der Kern der ganzen Agitation. Die gerne zugegebene Würdigung der großen wirtschaftlichen Bedeutung der Zuckerindustrie auf deutschem Boden könne unmöglich für Millionen soweit gehen, daß direkten Schädigungen der eigenen Interessen zugestimmt würde. So wie jetzt das Bemühen darauf gerichtet werde, die Interessenten unter einer Formel zu einigen, müßte wirksamer dafür gearbeitet werden, um eine General-Formel für Einigung von Zucker-Interessenten, Landwirten,

Kaufmannsstand und Rhederei, Verkehrs- und anderen Gewerben und Industrien, Arbeiterstand, Fiskus und Konsumenten finden zu lassen.

Diesen Ansichten ist aber immer noch entgegen zu halten, daß alle Bemühungen zur Hebung des Inlandeskonsums — und daran fehlt es seitens der Landwirtschaft und der Industrie gewiß nicht — keinenfalls gleich so erfolgreich sein können, um das Ausfuhrgeschäft oder einen größeren Teil desselben entbehrlich zu machen. Die Ausfuhr beträgt fast $^{2}/_{3}$ der Produktion. Eine solche Menge vermag der Inlandskonsum auch bei stärkster Verbilligung erst nach einer langen Reihe von Jahren aufzunehmen. Bis dahin kann jedenfalls das Ausfuhrgeschäft gar nicht entbehrt werden, ohne einen großen Theil der Rübenzuckerindustrie und rübenbauenden Landwirtschaft zu ruinieren. Die sonst bevorstehenden Verluste an Privat- und Nationalvermögen und Privat- wie Staatseinkünften lassen sich ohne weiteres aus den Betrachtungen über die Bedeutung der Zuckerindustrie im Wirtschaftsleben Deutschlands ermessen — s. Abschnitt II.

Die Zuckerpreise sind in den letzten zwölf Jahren um mehr als 50% gesunken und können zur Zeit gewiß nicht mehr als unerschwinglich für den kleinen Mann gelten. Nicht der Zuckerpreis, sondern das Vorurteil, Zucker sei nur Genuß- nicht Nahrungsmittel, ist schuld an dem geringen Verbrauch im Haushalt der unteren Bevölkerungsklassen. Die Produzenten lassen es nicht an Aufklärung fehlen, deren Erfolg durch das bestehende Mißtrauen erschwert wird.

Die Steuer- und Zollpolitik hat den Zuckerproduzenten immer höhere Lasten auferlegt, deren Abwälzung bei den konstanten Preissenkungen füglich ausgeschlossen sein dürfte. Die Produktionssteigerungen sind weder künstlich von Staatswegen noch auf Kosten der Konsumenten gefördert. Wenn jetzt eine Frachtverbilligung bessere Preise für die Produzenten im Gefolge haben soll, so wird das durch Verringerung der Unkosten bis zum Verkauf loko Handelsplatz erstrebt. Eine allgemeine Steigerung der Handelspreise wird auf dem Weltmarkte, der auch die Lokalpreise beherrscht, wegen eines im Weltverkehr so geringfügigen Umstandes jedenfalls nicht eintreten.

Als Endergebnis für das Gesamtwirtschaftsleben des deutschen Volkes bringt die Erfüllung der geforderten Frachtverbilligungen keine Verteuerung des Zuckergenusses, wohl aber eine Besserstellung aller an der Zuckerproduktion beteiligten Erwerbskreise, wie Zuckerfabrikanten, Landwirte, Arbeiter, Handwerker 2c., damit schließlich eine Sicherung und vielleicht auch Verbesserung der Staats- und Kommunaleinkünfte an Personal- und Realsteuern.

4. Schlußbetrachtungen.

Als Ergebnis aus den gebrachten Darstellungen glaubt Verfasser unter Hinweis auf die schon gebrachten kritischen Betrachtungen die folgenden Sätze formulieren zu dürfen:

1. Die Detarifierung für Zucker auf den deutschen bezw. nur den preußischen Staatsbahnen ist an sich nur eine kleine Hilfe für die Rübenzucker-Industrie und für die rübenbauenden Landwirte, unter den gegenwärtigen Verhältnissen aber die einzig mögliche zur Erzielung besserer Gleichstellung mit den Konkurrenten im Ausland.

2. Die Kleinheit der erstrebten Frachtersparnis kann nicht eine Ablehnung oder eine Geringschätzung dieser Hilfe begründen, weil für jede Fabrik die Summe der kleinen Beträge doch zu beachtenswerter Höhe anwachsen würde.

3. Die Notwendigkeit gerade dieser Hilfe für die größte Mehrzahl der Produzenten ergiebt sich aus der gegenwärtigen wirtschaftlichen und politischen Weltlage, weil:

a) nicht so bald auf das Zustandekommen einer internationalen Vereinbarung zur Abschaffung aller Ausfuhrprämien, sowohl der offenen als der versteckten, gerechnet werden kann;

b) im Hinblick auf mögliche politische Trübungen alle Staaten sich zu schärfster Kriegsbereitschaft rüsten und wegen der großen dazu erforderlichen Mittel darauf bedacht sein müssen, auch ihre Einnahmen möglichst hoch zu erhalten oder zu steigern, und

c) aus dieser Erwägung zur Zeit an eine Verbesserung der Lage der deutschen Rübenzucker-Interessenten durch abermalige Reform der Steuergesetzgebung nicht zu denken ist.

4. In Erwägung, daß rasche Hilfe doppelte Hilfe ist, muß die große Majorität der Interessenten an der Rübenzucker-Fabrikation unter Hinweis auf die ministeriellen Erklärungen im Reichstag darauf dringen, daß mit den Frachtverbilligungen wenigstens auf den preußischen Staatsbahnen, welche sie dem russischen Zucker gewährt haben, schleunigst begonnen werde.

5. Diese Reform der Tarife muß auch gegen die Proteste der kleinen Minderheit eingeführt werden, zumal seitens dieser wichtigere, stichhaltige Gründe gegen die Detarifierung nicht vorgebracht werden konnten.

6. Der auch von der Majorität der Interessenten geteilte Wunsch, daß eine derartige Reform im Tarifwesen der Eisenbahnen mit Zustimmung auch der Minderheit vorgenommen werden möchte, darf die notwendige rasche Vornahme des Reformwerkes nicht verzögern, weil nach deren Einführung der Minderheit leichter Rechnung getragen werden kann, wenn sich übersehen läßt, ob und in wie weit die Ansichten dieser Minderheit wirkliche begründet waren.

Druckfehler-Berichtigungen.

S. 25, Z. 15 von unten lies statt Detarifierung: Frachtverbilligung.
„ 40, „ 9 von oben „ „ in: im.
„ 41, „ 8 von unten „ „ mußten: müssen.

Verzeichnis
der
zur Arbeit benutzten Quellen.

1. Akten des „Vereins der Deutschen Zucker-Industrie", mit Genehmigung des Direktors des Vereins, Herrn Geh. Regierungsrat König in Berlin.
2. Akten der „Zentralstelle der preußischen Landwirtschaftskammern — Verkehrsstelle", mit Genehmigung des Vorsitzenden des Kuratoriums, Herrn Rittmeister G. von Arnim-Güterberg.
3. Verhandlungsniederschrift der 65. Sitzung der ständigen Tarifkommission der Deutschen Eisenbahnen, d. d. Baden-Baden, den 6. und 7. Juni 1898.
4. Verhandlungsniederschriften des preußischen Landeseisenbahnrats, und zwar des Ausschusses vom 13., 14. Dezember 1895 und vom 25. November 1898, sowie der Vollversammlung vom 22., 23. Dezember 1895 und vom 16. Dezember 1898.
5. Verhandlungsniederschriften des preußischen Bezirkseisenbahnrates Berlin 1893 und des Bezirkseisenbahnrates Breslau 1895, diejenigen aller preußischen Bezirkseisenbahnräte Jahrgänge 1898/99.
6. „Mitteilungen" der Zentralstelle der preußischen Landwirtschaftskammern — Verkehrsstelle. Jahrgänge 1898/99.
7. Statistik des Deutschen Reiches. Jahrbücher, Vierteljahrshefte und monatliche Ausweise über den auswärtigen Handel des deutschen Zollgebietes. Verschiedene Jahrgänge.
8. Statistik der Güterbewegung auf den Eisenbahnen Deutschlands. Verschiedene Jahrgänge.
9. Zeitschrift „Deutsche Zucker-Industrie", Jahrgänge 1897—99.
10. „Zeitung des Vereins deutscher Eisenbahnverwaltungen", Jahrgang 1900 (Nr. 3 und Nr. 12).
11. „Prager Zuckermarkt". Prag. Verschiedene Jahrgänge.
12. Amtliche Auskünfte verschiedener deutscher Eisenbahnverwaltungen — siehe Anmerkungen in der Arbeit.
13. Archiv des deutschen Landwirtschaftsrats. Jahrgänge 1897/98/99.
14. Deutsche Zucker-Enquete 1893/94. Band IV.
15. Schönberg, G. von, Handbuch der politischen Oekonomie. Band III. Teil I. Tübingen 1897.
16. Paasche, H., „Zucker-Industrie und Zuckersteuer". Im Handwörterbuch der Staatswissenschaften. Band VI. 1894.
17. Derselbe. „Zucker-Industrie und Zuckerhandel der Welt". Jena 1891.
18. Heckel, Max von, „Zucker, Zucker-Industrie" und „Zuckersteuer, Zuckerzoll". Im Wörterbuch der Volkswirtschaft von L. Elster u. a. Band II. Jena 1889.
19. Conrad, J., „Grundriß zum Studium der politischen Oekonomie", III. Teil: Finanzwissenschaft. Jena 1899.
20. Humbert, „Agrarstatistische Untersuchungen über den Einfluß des Zuckerrübenbaues auf die Land- und Volkswirtschaft." Jena 1877.
21. Hager, „Die Ueberwälzung der Zuckersteuer". Berlin 1893.
22. Kaufmann, R. von, „Die Zucker-Industrie in ihrer wirtschaftlichen und steuerfiskalischen Bedeutung für die Staaten Europas." Berlin 1878.
23. Katzenstein, Willy, „Die deutsche Zucker-Industrie und Besteuerung in ihrer geschichtlichen Entwickelung". Berlin 1897.
24. Görz, J., „Handel und Statistik des Zuckers, mit besonderer Berücksichtigung der Absatzgebiete des deutschen Zuckers." Band I. Berlin 1884.

Zeitfracht Medien GmbH
Ferdinand-Jühlke-Straße 7
99095 Erfurt, Deutschland
produktsicherheit@kolibri360.de